金钱密码

普通人的财富管理课

[美] 琳达·D. 辛普森（Linda D.Simpson）著

黄雨婷　田明刚　译

MINDFUL
AND
INTENTIONAL
MONEY
MANAGEMENT
AN UNBEATABLE SYSTEM
TO CALM THE CHAOS

机械工业出版社
CHINA MACHINE PRESS

图书在版编目（CIP）数据

金钱密码：普通人的财富管理课 /（美）琳达·D. 辛普森(Linda D. Simpson) 著；黄雨婷，田明刚译 . 北京：机械工业出版社，2025.6. -- ISBN 978-7-111 -78339-8

Ⅰ. F830.59

中国国家版本馆 CIP 数据核字第 2025FV2890 号

机械工业出版社（北京市百万庄大街 22 号　邮政编码 100037）
策划编辑：华　蕾　　　　　　　　责任编辑：华　蕾　章承林
责任校对：杜丹丹　马荣华　景　飞　　责任印制：任维东
河北宝昌佳彩印刷有限公司印刷
2025 年 7 月第 1 版第 1 次印刷
147mm×210mm · 7 印张 · 2 插页 · 127 千字
标准书号：ISBN 978-7-111-78339-8
定价：79.00 元

电话服务　　　　　　　　　网络服务
客服电话：010-88361066　　机　工　官　网：www.cmpbook.com
　　　　　010-88379833　　机　工　官　博：weibo.com/cmp1952
　　　　　010-68326294　　金　书　网：www.golden-book.com
封底无防伪标均为盗版　　机工教育服务网：www.cmpedu.com

我认为，对绝大多数人来说，财务管理是一项挑战。总体而言，大多数人并未有意识地设定财务管理目标，也没有正规学习过如何制订财务管理计划，甚至常常在参与相关话题的讨论时感到局促不安。作为一名职业教育工作者，我常说："没学过，自然不懂。"财务决策失误所带来的负面影响可能会伴随我们一生，许多婚姻都是因财务管理不善而破裂。无论一个人拥有多少财富，有效的财务管理都有益于生活的各个方面。许多昔日的富豪，如果当初能做出更精明的财务决策，是本可以保住甚至增加财富的。无论一个人的就业状况或净资产如何，本书所讨论的话题都能让人终身受益。琳达·D. 辛普森博士的这本自助指南，提供了集体性、前瞻性和个性化的策略，旨在帮助读者避免陷入财务管理不善的陷阱。身为辛普森博士在高等教育领域的前任行政主管，我亲眼见证了她数十年教授消费者教育和理财知识的历程。她是该领域的专家，采用创新的方法，非常实用且包含了大量的相关例证。即使在我调任至另一所大学，不再担任辛普森博士的主管之后，我仍聘请她教授一门消费经济学在线课程，并为我的教师团队开设研讨会，以开发理财知识在线课程。辛普森博士提出了一些策略，引导读者成功转变行为，克服财务管理不善的问题，从而采取有效的财务管理方式。若要问何时最宜拥有本书，那便是此时此刻！

——洛雷塔·P.普拉特（Loretta P. Prater）博士，
东南密苏里州立大学卫生与公众服务学院院长（已退休）

能向辛普森博士学习是我的荣幸。她在我大学期间及毕业后提供的财务课程和指导，引领我走到了今天的职位。我在教育和财务方面取得的成功大部分归功于她，我也鼓励其他人向她学习。下次再有人向我征求财务管理建议时，我一定会脱口而出："读这本书吧！"这是双赢之举！

——玛丽萨·艾尔斯（Marissa Iles），辛普森博士的学生，
盛事婚庆有限责任公司（Magnificent M.Iles Events）
所有者和总裁

琳达是我近十年的同事，她从人性化视角展示了独特的个人财务管理方法。她在大学教授这门课程已有相当长的一段时间，是这门课程的引领者，她创建了一个理财教育中心，为学生提供帮助与专业建议。如今，看到她正式出版了记录自己独树一帜的财务管理方法的著作，以帮助人们更好地掌控财务，真是振奋人心！

——奥斯汀·切尼（Austin Cheney），
东伊利诺伊大学商学院院长

理财知识可能令人望而生畏、难以理解，但琳达·D. 辛普森博士有一种独特的才能，能够将复杂的概念简化为通俗易懂的语言。她对教学的热情和悉心的指导启发了我，让我的思维跳出教科书的束缚，并激励我将财务管理作为终身的职业发展方向。辛普森博士的最新著作是每位希望掌控财务、为未来奠定坚实财务基础的人的无价之宝。

——杰基·加伦（Jackie Garren），

辛普森博士的学生，商业银行家

作为一名 K12 阶段[⊖]的教师和管理者，我深知理财知识对每个人的重要性。琳达·D. 辛普森博士的这本书是每一位希望掌控自己财务状况的人的必读之作。琳达在理财知识方面的造诣深厚，她的著作不仅易于理解，而且其中的策略也能被轻松应用于你自己及身边人的生活中。总而言之，如果你正在寻找新颖的、实用的解决方案，让你的财务世界从"混乱"走向"平静"，那么请阅读本书，它为你提供了详细的基础知识和具体的行动步骤，有助于你实现这一目标。

——麦克莱恩·谢弗（McLain Schaefer），

"创新引领未来"（LIFT）项目主任，

小学前任校长、高中副校长及课堂教师

⊖ K12 阶段：从幼儿园到高中结束的基础教育阶段。——译者注

没有计划，绝不许诺。

————我的父亲，齐格·齐格勒（Zig Ziglar）

在齐格勒公司，我们设计了一套七步目标设定系统，助力个人实现最佳状态。但如果非要给这个过程改个名字，我会简单称之为"如何实现目标"。

目标明确了我们想要什么，并为我们指明了方向。最近的研究显示，大多数人并非仅仅为了实现目标而努力，而是享受解决问题的过程。他们喜欢完成待办事项，而不是看到在目标方面取得进展。七步目标设定系统正满足了这一需求：明确如何解决问题。

具体步骤如下：

（1）写下目标。

（2）写下实现目标或解决问题的所有好处。

（3）列出你面临的障碍。

（4）确定你需要获得的知识。

（5）找出可以帮助你的人。

（6）制订行动计划。

（7）设定实现目标或解决问题的日期。

如今，你面临什么问题呢？是想享受舒适的退休生活吗？是想改善财务生活混乱的局面吗？还是想建立代际财富呢？无论你的出发点如何，琳达·D. 辛普森在这本书中提出的见解都将帮助你实现愿望。

在书中部分章节，你会发现我父亲揭示了"生命之轮的七个轮辐"。其中一条是财务轮辐，它是影响其他所有轮辐的关键。然而，当我深入研究理财知识教育课程时，我发现这些课程存在一个漏洞：它们都直接教授具体的策略，而没有先解决"为什么"的问题。

它们并未在过程的起始阶段引导你停下脚步，想想自己的真正所求。因此，我更青睐于琳达的方法——她总是先让我思考"为什么"。如果你没有确定的理由来解释为什么要让财务状况从混乱走向平静，那么这些策略也帮不了你。吉姆·罗恩（Jim Rohn）说过："理由越确定，解决过程越轻松。"

我父亲也说过："如果提高生活水平是你的主要目标之一，那么你的生活质量几乎不会得到提升。但如果你把提升生活质量放在首位，那么你的生活水平也会相应提高。"受这番智慧的启发，我总结出了一个实现事业和财务生活均衡发展的公式：生活质量 = 工作质量。

如果你在个人生活、身体、家庭、心理、事业和精神生活中追求高质量，你会发现你的财务状况也会随之改善。如果你在生命之轮的其他轮辐上都取得了均衡的发展，那么你的财务状况自然也会变得良好。有一天醒来，你会发现每一分钟都有意义，每一元钱都已计划好用途。

不过，有一个重要的注意事项：阅读这些句子很容易，却无法将其内化于心。人们只有在被梦想牵引或遭遇灾难时，才会开始认真思考金钱问题。不幸的是，后者更可能出现。

灾难降临，汽车因欠款被收回，你突然失业了，或突然意识到自己负债累累。也许，你可以从梦想开始。从一开始就花时间确定自己的理想未来，并开始为之努力。

有趣的是，无论哪种情况，你的目标、策略和行动可能都是一样的。只是那些因遭遇灾难而行动的人会感到压力重重，而那些被梦想牵引的人则会感到乐在其中，并心存感激。所以，别再等待了，立刻行动吧！

我并不是说我们能够全然主宰自己的未来。生活处处是意外，比如一个意外降临的孩子，或是突如其来的汽车故障。与其试图掌控未来，不如控制我们的习惯，因为习惯决定未来。父亲常说："人们无法实现目标的首要原因，是他们用长远来看最想要的东西，换取了眼前一时的满足。"自律的习惯往往会带来截然不同的结果。

对大多数人而言，这一改变始于摒弃那些不良习惯，逐步培养良好的习惯。也许我们需要花费漫长的时间才能摆脱财务困境，甚至需要大幅削减开支。无论如何，当我们改掉这些微小的坏习惯，并慢慢用好习惯一点一滴地取而代之时，我们的生活面貌就会悄然发生改变。如果持之以恒，你会注意到你的家族遗产日渐雄厚起来。

确实，为我们的子孙留下物质遗产是件好事。但如果我们留给他们的是更为深厚的精神遗产呢？为什么不让我们的孩子在我们离开后依然具备财务知识，懂得如何设定目标，并养成良好的理财习惯呢？

通过阅读以下内容，你将有机会改变几代人的生活轨迹。琳达会教你如何设定目标、专注于微小的习惯，并让你始终牢记设定目标背后的原因，除此之外，你还将学会如何帮助身边的人以及未来几代人掌握同样的方法。

让我来分享一句我父亲的轻松妙语："在生活中，我有钱的时候遇到过问题，没钱的时候也遇到过问题。总而言之，当你遇到问题时，最好还是有钱。"

琳达不会解决你所有的问题，但她会告诉你一个既能解决问题又能拥有金钱的方法。这将使你的生活更加轻松，并帮助你实现最佳状态。很高兴你能踏上这段旅程。

——汤姆·齐格勒（Tom Ziglar），

齐格勒公司首席执行官，

美国传奇人物齐格·齐格勒之子

Ziglar.com

感谢你加入这段旅程。你正在寻求资源来改善财务状况，这意味着你有一定的决心塑造一个更加光明的未来，我对此表示赞赏。我希望本书的内容能对你有所帮助，让你的财务状况从混乱走向平静。

我想分享一下我写这本书的初衷。自 1994 年起，我一直致力于向儿童、青少年、年轻人和老年人传授理财知识。换句话说，我的整个职业生涯都在致力于教授人们如何管理财务。在这个过程中，我一次又一次地目睹人们在财务困境中挣扎，我深感同情，希望能助其渡过难关。

我也很乐意帮助你改善财务状况。如果你能够遵循本书提到的计划，培养有意识、有目的的财务管理习惯，你的财务状况将会得到显著改善，生活也会因此受益。通过阅读此书，你将：

- 在财务管理方面实现最佳自我。
- 奠定坚实的财务基础，惠及家人与社区。
- 获取基于研究的财务信息，而不是道听途说。

- 获得大量机会深入探究书中内容，并为你所用。
- 掌握基础且无压力的理财成功之道。
- 获得与你的习惯、人格、态度和价值观相符的计划，而非千篇一律的通用方案。
- 获得量身定制的财务管理策略，从而增加收入，减少支出，还清债务，实现资产升值，增加净资产。
- 掌握一套能指导孩子与年轻人学习财务管理技巧的方案。

踏上这段旅程，你和家人的生活将迎来永久性的转变。当你围绕自己的价值体系制订财务计划时，你就会坚持执行下去。生活坎坷，我们总会面临许多麻烦，但如果你能解决一个常与财务挂钩的难题，你就能站稳脚跟，而且将步步高升。

不过，为了确保这一切能成功实现，我需要你做出承诺。要想让这本书的内容真正帮到你，你必须下定决心去改变，培养新的理财习惯，学习新的知识，并投入时间和精力去改善财务状况。我不能给你一副能解决所有问题的灵丹妙药，但我可以教你一些屡试不爽的方法，只要你愿意尽自己的一份力，就能实现你的财务目标。

虽然细微的改变能让你即刻见到成效，但整个过程需要时间。这是一段旅程，而不只是某个终点。通过实践活动，你可以将所学知识与个人财务状况相结合并付诸行动。你可以大胆设想，憧憬未来的财务状况，同时审视当前的财务状况，并弥补两者之间的差距。我的目标是帮助你发展一种肌肉记忆，让财务计划成为你的习惯。你将从被动应对财务混乱转变为积极主动且从容不迫的状态。

这一过程将促使你认真审视自己当前的财务状况。虽然你可能会觉得棘手，但为了实现未来的财务目标，这一过程必不可少。在本书中，我将重点关注"**有意识**"和"**有目的**"这两个关键词。很多时候，我们的财务计划、决策和购买行为都是盲目的，甚至没有经过任何思考。而当你有目的地做出决策时，你会更加清醒。最终，随着你的财务状况因良好的财务管理而从混乱走向平静，你会发现这一切都是值得的。

那么，你准备好加入这段旅程了吗？

　　每学期开课的第一天，总有学生举手提出这样一个问题："学好这门课是不是非得数学好才行？"我回答道："当然不是。"虽然掌握一些基本的数学技能是必要的，但几乎所有的财务问题都可以通过谷歌或 Siri 找到答案，或者利用在线财务计算器让计算过程变得简便。总之，财务计划听起来可能让人心生畏惧，但其实它没那么可怕。在金融领域，虽然高级计算器占据一席之地，但并不意味着人们在制订个人财务计划时，非使用它们不可。很多时候，人们之所以对财务计划避而不谈，往往是因为感到迷茫，不知如何下手。

　　本书价格实惠，可助你减轻压力，引领你从混乱走向平静，迈向一个稳健的财务未来，这就是我所说的绝佳投资回报率（ROI）。

　　你是否也有这样的困扰呢？让我们来打消你的顾虑，这样你就能自信满满地制订并坚持执行一个切实可行的个性化财务计划了。

有些财务计划的问题在于太过复杂。虽然财务顾问确实可以提供帮助，但在初始阶段，他们并不是必需的。此时此刻，你并不需要一份复杂的、金融硕士才能看懂的冗长计划，这样的计划只会让你望而却步。等到你对财务管理的信心和熟练度逐渐增强，再考虑寻求专业帮助也不迟。现在，你只需要从细微处着手，制定一些简单的步骤，让计划更切合自己的需求和生活方式。否则，你可能难以坚持下去。

一些财务规划师或培训师存在的另一个问题是，他们会告诉你钱应该花在哪里、不该花在哪里。你真的认为，这种标准化的"完美"财务计划会对你有用吗？如果要你被迫放弃生活中那些你喜欢或觉得重要的事物呢？这样很可能行不通！虽然他们的计划可以让你在20年内成为百万富翁，但这可能意味着你在这20年里只能喝自来水，每餐都在家做饭。这显然不现实，也不是一种理想的生活方式。你很可能无法坚持下去。

我坚信，你必须根据你的习惯、人格、态度和价值观，以及那些对你而言至关重要的事物来制订财务计划。想想看：菠菜很健康，营养师建议你吃，但如果你不爱吃，你就不会去吃。财务管理也是如此。如果计划不合你心意，你也不会坚持下去。

财务管理是一个学习过程。要想做好这件事，就需要不断练习。没有人能在财务管理方面做到完美无缺，你也一样，这背后有多种原因。生活中总会有各种变故，比如突如其来的疾病可能会迫使你调整职业方向、储蓄和投资策略乃至退休规划。更何况，还有许多你无法掌控的因素，比如股市下跌、利率上升等。诸如此类，不胜枚举。因此，掌握财务知识和技能会让你更从容地应对那些意外情况。

我们都会在财务管理上犯错。你过去犯过错，将来也可能犯错，连最成功的财务专家也不例外。上谷歌搜索"沃伦·巴菲特（Warren Buffett）最失败的投资"，你会发现这位投资史上数一数二的大亨，手握比任何人都要丰富的投资信息，却也难免有失手的时候。因此，财务成功的秘诀不在于完全不犯错，而在于减少错误，从错误中吸取教训，继续勇往直前。财务管理的第一步就是更加有意识、有目的地管理你的金钱，接下来，我将帮你实现这个目标。

自 1994 年以来，我一直在不同场合通过不同平台教授财务知识，如面对面和在线课堂、网络研讨会、讲习班、会议演讲等。在此期间，我已经帮助了成千上万名不同年龄、处于不同人生阶段的人设定目标，并制订了简单的财务计划。建立稳固的、基本的财务基础并不需要你成为财务管理奇才，也不要求你有高收入。关键是要更加有意识、有目的地对自己的消费和储蓄习惯做出一些必要的调整。

我鼓励大家访问我的网站 Anchord.money，获取更多有价值的资源，进一步拓展学习。

奠定坚实的财务基础

奠定坚实的财务基础，关键在于执行三个计划、遵守一份承诺：明确目标、了解现状，然后学习、规划并执行计划。

首先，你得清楚自己的目的地。如果你打算来一场长途旅行，你会不带地图或导航就上路吗？当然不会！那么，为何在规划自己的财务未来时却如此草率呢？

我经常问我的年轻听众："你们打算什么时候退休？"最常见的回答是 50 岁，因为 18～20 岁的年轻人认为 50 岁已经相当老了，人到了那个年龄就已经力不从心了。接着，我追问："那你们打算如何实现这个目标呢？"他们往往一脸茫然，显然从未思考过这个问题。我告诉他们："如果你们的目标是 50 岁退休，那么你们现在就应该开始为此努力工作和规划，而不是等到 45 岁才如梦初醒。到那时已经为时过晚"。

其次，你要分析自己目前的收入、支出、资产、债务和净资产状况。这些能让你了解当前财务图景的概况：或良好、或糟糕、或岌岌可危。如果现在看起来糟糕或岌岌可危的情况占据了上风，也不必过于担心。包括我和我丈夫在内的大多数人，都曾经历过财务状况不那么景气的阶段。事实上，虽然我们都希望自己的财务状况完美无瑕，但那些不那么美好的经历其实为我们提供了从错误中成长和学习的绝佳机会。

最后，你需要学习、规划和执行个人财务计划。其中包括了解该计划，并分析它对你的重要性。你需要弄清楚计划中每一个环节存在的原因，以及它们如何助力你达成目标。这样一来，你会发现自己更容易在执行计划时做出决策，并且对自己的行动产生更深的认同感。通过采取微小简单的步骤，你将逐步靠近你想要实现的生活和财务目标。

明确你的目标，了解你的现状，然后学习、规划与执行计划。遵循这三个步骤，你将顺利达成目标。但在此之前，我想先谈一个在财务管理中至关重要的话题。

简化，简化，再简化

你可能纳闷："我买这本书是想学怎么制订财务计划的，怎么开始教我简化生活了？"别急，听我慢慢道来。一旦你真正开始简化生活，你自然会明白其中的道理。

现代生活全方位地督促我们不断进取、追求卓越、达成更多成就、花费更多金钱。因此，我们总是试图"面面俱到"，然后疑惑自己为何总感到疲惫不堪、压力重重，或是陷入一种日复一日、自动运行的麻木状态。在尝试改变和规划未来时，这种"自动运行模式"将会成为你最大的阻碍。在这种状态下，你其实已经进入生存模式，对一切情况都只能被动应对、不断追赶，试图跟上节奏。

这就是**简化**至关重要的原因。

简化你的财务。这样你就能更轻松地掌控每月的开销，避免账单堆积如山和忘记支付。设置自动化操作，比如自动支付账单、自动还款、自动储蓄和投资。在日历上标记好所有账单的截止日期，以防逾期。创建适合自己的简单明了的月度预算。这样一来，你就能将时间和精力投入到其他事务上了。

与你的财务状况紧密相关、需要简化的方面还包括：

- **你的饮食**。每周制订一个饮食计划，并根据计划列出购物清单，以确保你的饮食开销在预算之内。提前规划，这样你就能避免外出就餐。

- **你的衣服**。整理你的衣柜，通过出售不穿的衣服来赚点钱。此外，你可以提前选好下一周要穿的衣服，也许还可以购买一些基础款来丰富你的衣橱。

- **你的时间**。要留意你的时间，关注你花费的时间和浪费的时间。学会拒绝那些无关紧要的事情。适时停下脚步，考虑你的优先事项。

- **你的纸质杂物**。购买一个简易的归档系统，并使用明确的标签进行分类整理。如果你不需要纸质文件，就将其扫描并保存为电子版；如果完全用不上纸质文件，就扔掉它。

- **你的家居**。杂乱无章的家居环境会阻碍你放松身心、恢复精力，因为你的周围一片混乱。因此，学会给家腾出空间，让它易于打理。

我的父亲于 2022 年逝世，紧接着，2024 年，丈夫的母亲也离开了我们，丈夫的哥哥早在 2014 年就已离世。他们都是"收藏达人"，我这辈子都没见过这么多东西。我们得翻箱倒柜，决定哪些东西要留着、哪些东西要出售、哪些东西得丢弃或捐赠。即便如此，现在我们还有一个房间堆满了不认识的人的相册，20 世纪 70 年代不认识的人写给家人的信、送的纪念品等。随着时间的推移，我们逐渐处理掉更多不必要的物品。这段经历让我们夫妻俩觉醒，意识到我们绝不能让自己的孩子也头疼这些事儿。

现在，我们环顾四周的物品时会思考"我们的孩子会需要这些吗"，而不是"我（或我们）需要这些吗"。在简化生活的道路上，我们还有很长的路要走，但我们意识到我们必须这样做。

简化生活可以减少压力、净化空间和心灵，这样你就可以专注于重要的事情。简化生活的关键在于寻找更简洁的方式来完成你的任务，从而为自己腾出更多时间去做想做的事情。

现在，我们将深入探讨三个行动计划：明确目标，了解现状，然后学习、规划与执行。首先，我们来谈谈明确目标。

第一部分

明 确 目 标

再次以长途旅行为例。你需要确保汽车已调试好、油箱已加满，零食准备充足，音乐播放列表（或有声读物）也已准备就绪。那么，最后一步是什么呢？答曰：准备一张详细的地图或一个精准的导航系统。没有这些，你将无法顺利到达目的地。既然为了这样一趟可能持续一两周的旅行，你都会事无巨细地做好规划，那为何不为那些会影响你一生的事务也制订一个计划呢？

每天浑浑噩噩地过日子，从不对自己的财务未来有所憧憬，是缺乏规划的表现。正因如此，我们才要开始设定目标。花点时间想想：五年后你想达到什么样的财务水平？十年、二十年之后呢？

虽然那听起来还很遥远，但如果从现在起就开始思考你的目标，你就能更快地实现它。目标就像你的人生路线图，引领你迈向理想的目的地。它们以书面的形式明确了个体（或家庭）想要或需要达成的成就。通过制订目标计划，你可以从混乱走向平静，享受更加安稳的生活。若要实现财务目标，现在就得规划好各方面的财务事宜，甚至包括退休计划。

目标让你保持专注，有的放矢。人们每天都忙得不可开交，却常误以为这种忙碌就是进步或高效的体现。现在不妨停下脚步，审视一下你的日常活动和那些让你分心的事物，看看你在诸如社交媒体等琐事上浪费了多少时间，而又将多少时间真正投入到了高效工作中。明确目标的过程有助于你集中精力，提高效率，从而达到你期望的结果。

　　接下来，我们将把明确目标的过程细分为三个方面：培养良好的理财习惯、关注生活的八大领域、设定 SMARTER 目标。这一过程将帮助你明确自己的前进方向。

第一章

理 财 习 惯

大概二十年前的一天，我们社区的一位护士给我来电，我称她为"护士朱莉"。提及她的职业，不难推断出她有稳定的收入，算是社区里经济状况不错的一位了。然而，她的声音却透露出焦虑与不安。原来，朱莉正陷入财务困境，而更为棘手的是，她的丈夫对此毫不知情。在我以前的一位学生的建议下，她选择联系我寻求帮助。

我让朱莉描述她的处境，她所透露的情况并不乐观。她已经透支了所有的信用卡，背负了大量高息债务。为了维持生计，她不得不频繁求助于发薪日贷款公司。听到这些，我立刻意识到她的处境已岌岌可危。

朱莉在联系我时已经感到不堪重负，仿佛自己已经被逼到了绝路，无法脱身。她并不是赚不到钱，她的职业足以让外界认为她的财务状况良好，但她的开销和累积的债务却开始远远超过她的收入，而且更让她倍感压力的是，她一直对丈夫隐瞒自己的财务状况。

我们在生活中可能经常遇到金钱问题与人际关系问题交织在一起的情况，朱莉也不例外。我们往往会向配偶或恋人、父母和其他家庭成员隐瞒财务状况，尤其是在财务状况不佳时，这种心理很普遍。这其实是一个警示信号，表明你的财务状况或人际关系出现了问题，有时两者兼而有之。这种情况往往会引发强烈的情绪反应和巨大的心理压力。

朱莉迫切地寻求解决的途径，她询问我该如何弥补财务过失。随着我进一步询问，我开始意识到，她所寻求的是一种错误的解决方式。她要求迅速消除债务，而实际上她需要的是一种长期解决方案，能够让她彻底摆脱并避免再次陷入当前的财务困境。换句话说，"护士朱莉"要求的是用创可贴来治疗已经重度感染的伤口。

许多潜在的问题导致了她非理性的消费行为，除非她正视并解决这些问题，否则任何"解决方案"都只是扬汤止沸。她或许能够摆脱债务，或者暂时减轻信用卡和发薪日贷款给她带来的沉重债务负担。但如果不从根源上解决问题，几周后或几个月内，她很可能会再次陷入同样的财务困境。

这是一个极端的例子，说明了个人的消费习惯和用消费来调节情绪的方式，如何对财务状况造成负面影响。我们需要先解决这些情绪问题，然后才能开始努力培养新的习惯，规划我们的财务未来。你可能会想："她又要让我深入挖掘自己的情绪了，而我只想学习如何制订财务计划。"相信我，通过这个过程，你能更加持之以恒地执行你的财务计划。

本部分包含需要批判性思考的实操练习，因此请不要认为必须在一天之内完成所有内容。不要让这成为一种沉重的负担，这不是一场竞赛，而是一段旅程。

接下来，我们将探讨影响财务行为最主要的因素，这些因素与你的收入、居住地或投资回报无关。它们包括金钱脚本、人格、习惯、态度和价值观，这些因素对你的财务计划和行为有着重要影响。洞悉你的消费行为背后的动机，与精确计算收入、支出和债务金额同等重要。我们可以整天与数字打交道，但如果不关注这些数字背后的信息，那就是在浪费时间。现在让我们来仔细研究一下这些因素。

金钱脚本

无论你是否察觉，你都已经形成了所谓的**金钱脚本**。这是你在生活中长期以来塑造的对金钱的信念和看法。有些金钱脚本是有益的，而有些则可能阻碍你。你的家庭环境和父母对待金钱的方式，对你的金钱脚本的形成有着深远的影响。例如，如果你的家庭总是入不敷出，那么你可能会产生许多金钱焦虑，这会影响你与金钱的关系。认识到自己的金钱脚本，并审视那些阻碍你的金钱脚本，同时接纳那些助力你前行的积极金钱脚本，对你来说至关重要。

聆听学生们在课堂讨论中分享各自成长过程中的理财经历，真是别有一番趣味。整个学期下来，我能看出哪些学生曾被灌输过良好的财务管理技巧。学生们举起手说"我爸爸说过……"或"我妈妈说过……"。他们的回答往往准确无误。此外，也有学生将我的课程材料带回家，与他们的父母一起分享学习。他们的目标是不再像父母那样为钱发愁。此时，他们的金钱脚本已经形成。

在成长过程中，你的脑海中浮现过哪些金钱脚本？

明确区分哪些金钱脚本对你当前的消费行为产生了积极影响，哪些产生了消极影响。

人格

人格在你的财务行为中也发挥着举足轻重的作用。为了找到适合自己的投资、消费、储蓄以及整体的财务管理策略，了解各种金钱人格显得尤为重要。我们通常会遇到五种典型的金钱人格：投资者、储蓄者、挥霍者、负债者和购物者。即便在相同的家庭环境中成长，你的兄弟姐妹或其他家庭成员也可能展现出截然不同的金钱人格。

金钱人格本身并无优劣之分，也无关对错。无论你天生的金钱人格如何，你都有能力在财务上取得成功。关键在于了解自己的金钱使用倾向。

人格同样影响着不同财富水平的人们。例如，最近，我与《私人财富》（*Private Wealth*）杂志的执行董事兼"高净值天才"（High-Net-Worth Genius）媒体平台的首席内容官拉斯·艾伦·普林斯（Russ Alan Prince）先生进行了交谈，探讨了超富人群的不同人格类型。普林斯先生为家族办公室、富豪、迅速崛起的企业家和特定专业人士提供咨询服务，他无疑是全球范围内服务富豪群体的顶尖专家之一（或许，我的描述还未能完全展现他的卓越）。

根据普林斯先生的洞见，高净值人群往往展现出以下九种人格中的一种或多种。

（1）**管家**。这类人长期致力于保护家族利益，这是他们行动的主要动力。

（2）**恐惧者**。他们尽管很富有，但不喜欢思考关于金钱的问题。

（3）**独立者**。他们积累财富的主要目的是实现经济独立，享受由此带来的安全感。

（4）**匿名者**。这类人的显著特征在于，在所有财务交易以及部分个人事务中，他们都表现出对隐私和保密性的执着的，有时甚至是非理性的需求。

（5）**大亨**。他们的动机是积累越来越多的财富，以追求个人权力（进而获得影响力，甚至是控制权）。

（6）**贵宾**。他们积累资产并利用财富，一定程度上是为了获得更高的社会地位和声誉。

（7）**积累者**。出于对个人财务状况的首要关注，他们致力于积累财富。

（8）**赌徒**。这类人相信自己的能力能够保护他们免受一切重大威胁。

（9）**创新者**。他们相信自己的分析能力能够支撑并保护自己免受外部威胁。

尽管普林斯先生关注的是超级富豪，但这些人格并非超级富豪独有。在阅读时，请思考在普林斯先生提出的九种人格或我提及的五种金钱人格中，哪一种与你相似。你可能会发现自己与不止一种人格有契合之处。

既然我们已经讨论了金钱脚本和金钱人格。接下来，我们来审视个人的习惯、态度和价值观，这三者都是决定我们消费行为的关键因素。它们需要与我们的消费行为相符，而消费行为则应与我们的目标保持一致。

我们具体分为以下几个部分来探讨：

（1）习惯与金钱的协调。

（2）态度与金钱的契合。

（3）价值观与金钱的统一。

习惯与金钱的协调

习惯是你不假思索做的事情，也是你迄今为止一直在做的事情的集合，它会影响你的财务状况。如果你不改变习惯，那么你的财务状况就难以发生持久性的转变。习惯的形成深受金钱脚本、价值观和你对待金钱的态度的影响。

我们还养成了情绪化的消费习惯，仅仅因为某种情绪或当时的心情就冲动购买并不需要或并不真正想要的东西。我们必须有意识地停止这种盲目的消费行为。

我们经常盲目地消费，因为这是我们长期以来形成的习惯，我们甚至从未意识到这是一种需要停止或改变的坏习惯。

值得庆幸的是，我们可以培养新习惯来达成期望的结果。但在此之前，我们需要了解自己的金钱脚本、人格和价值观，以及这些因素如何影响我们的消费习惯。这一过程不仅揭示了金钱如何影响我们生活中的关键领域，还为我们指明了需要在哪些方面做出改变。

—— 杰米·尼科尔斯的理财习惯、婚姻和育儿经历 ——

杰米·尼科尔斯（Jamie Nichols）是一位服务中型企业市场的商业银行家，任职于美国最大的金融机构之一。她为年收入在 2 000 万到 5 亿美元之间的企业提供金融服务和战略支持，帮助它们在管理投资和规避风险的同时实现增长。她的金融行业之旅始于攻读家庭经济学学士学位，随后在攻读硕士学位期间成为我的研究生助理之一。

杰米自认为是一个典型的储蓄者。她严格管理自己的财务和投资，并热衷于教导孩子们学习理财知识。这种金钱脚本和人格源于她的成长经历以及在金融行业的职业生涯。然而，她的丈夫是一个挥霍者。他在一个财务状况不稳定的家庭中长大，父母都是移民，一家子生活在纽约。他凭借奖学金顺利完成了寄宿学校和大学的学业，毕业后立即找到了一份高薪工作。

鉴于他的成长背景和职业生涯，他的金钱脚本与杰米截然不同。他希望给孩子提供他自己在成长过程中从未拥有过的一切。这些不同的理财习惯促成了夫妻之间的矛盾：杰米喜欢做预算和储蓄，减少利息支出，过着量入为出的生活；而她的丈夫则热衷于消费、送大礼，享受奢华生活。

大多数已婚人士在不同程度上可以归为这两类人中的一类。要克服这些财务问题，有多种方法可以尝试，但归根结底还是要靠双方沟通、达成共识。有些夫妻会合并他们的资产，共同探讨理财习惯，制订共同的预算计划，每周一起检查财务状况。还有一些夫妻则会保持财务独立，分摊家庭开销，自主支配剩余的个人收入——这就是杰米和她的丈夫使用的策略，且对他们而言行之有效。

接着是与孩子相关的各种开销。这包括托儿服务费、衣物、食物，以及所有运动和课外活动的费用。总而言之，孩子通常是任何一对夫妇预算中最大的支出项目，特别是对那些需要专业托儿服务的双职工家庭来说。杰米向我解释，要妥善照顾孩子，既需要社区的支持，也离不开精心的财务管理。

在这个过程中，杰米是如何把她的财务管理技巧传给她的孩子的呢？她说，孩子学习基本的理财知识，永远不嫌早！她会给帮忙做家务的孩子们"发工资"，还鼓励他们动脑筋想想这笔钱该怎么花。逛商店的时候，她会带着孩子们一起挑选他们喜欢的东西，看看价格标签，然后让他们自己规划怎么花钱。有次她的儿子看到他最爱的集换式卡牌居然要25美元，于是主动放弃了购买的念头。

等他稍大一些，杰米给了他一张借记卡。他可以用 iPad 上的应用软件查询余额。这样一来，他从小就学会了如何追踪开支、管理金钱。杰米还会和孩子们聊聊他们的大学储蓄账户，以及它的用途。

她教授理财知识最大的秘诀是什么？寓教于乐。你可以和孩子一起玩涉及赚钱和理财的游戏，如"大富翁"和"生命游戏"。在不知不觉中，你的孩子就能学到机会成本和投资等概念。

接下来，我们将探讨如何调整我们对金钱的态度。

态度与金钱的契合

每个人对金钱的态度都略有不同。有些人总是担心钱不够用，而有些人却觉得钱很充裕（甚至多得花不完）。这种态度会影响他们的消费行为。例如，有些人可能对金钱的态度比较随意，因此在考虑购买大额商品时容易冲动，最终导致债务缠身。先通过练习 1 来了解你对金钱的总体态度。你的答案会揭示你对金钱的一些潜在看法和态度，而这些可能是你之前并未察觉的。

练习 1：对金钱的总体态度

这个练习将帮助你明确自己对金钱的总体态度[⊖]。接下来，我会帮助你将这些态度与你的价值观结合，这将为你了解自己的消费习惯奠定基础。对于以下阐述，你只需回答"是"或"否"。

- 无论我有多少钱，我总觉得还不够。
- 当我发现我可以在别处以更低的价格买到同样的东西时，我会感到懊恼。
- 我觉得金钱是衡量成功的最终标准。
- 没钱会让我感到焦虑。

⊖ 改编自北达科他州立大学前家庭经济专家德布拉·潘科夫（Debra Pankow）2003 年的一个问卷。

- 我经常梦想成为百万富翁。
- 我很难出于任何原因花钱。
- 我常常担心退休后是否有足够的钱。
- 金钱能控制我的活动和行为。
- 从小我就觉得金钱很重要。
- 我经常抱怨商品的价格，即使只是自言自语。

现在，来数一数你回答了多少个"是"。数量越多，说明你越看重金钱。注意你的分数哦！如果你回答了很多个"是"，那可能意味着你总是觉得钱不够花，金钱让你感到焦虑不安，或者你总是尽可能地攒钱。反之，如果你回答了很多个"否"，那可能意味着你对金钱比较随意，不太放在心上，或者花钱时不会深思熟虑。

再次强调，这个练习以及你接下来要完成的两个练习的结果，都会影响你如何设定财务目标。确保你的价值观、态度与目标协调一致，才能大大增加你实现目标的可能性哦！

价值观与金钱的统一

核心价值观是我们生活中最重视的优先事项，它们可能包括和睦的家庭、有意义的工作，或者对社会的回馈。这些价值观并非财产、活动或经历，而是定义你这个人的重要方面，给你的生活带来最深远的影响。因此，在制订财务计划时，充分考虑自己的价值观与人生目标至关重要。

我们每个人都有自己的价值观，这些价值观源自我们的人际关系、所受的影响、教育背景和人生经历。你是否了解自己的价值观？是否曾静下心来明确自己的金钱价值观？更重要的是，你的消费行为是否体现了这些价值观？

有些人对财务状况感到不满，可能是因为他们的行为与价值观未能保持一致。金钱是帮助他们获得所需的工具。这些人往往因一时的情绪、感觉或社会压力而冲动消费，而非有意识、有目的地将金钱投入到真正对自己重要的事情上。

如果你想要无债一身轻，那么你的行为必须与之相符。你不能声称追求无债生活，却又因购买琐碎物品而过度借贷。如果你想在财务生活中获得满足感，就必须避免这样的行为。否则，你的现实生活将与你所宣称的价值观发生冲突，导致心理学家所说的"认知失调"，即因一个人持有的两种信念相互矛盾而带来的心理困扰。

这里探讨的并不是关于对错的问题。每个人在财务方面都有自己的目标和观念。我的职责不是告诉你"应该"或"必须"做什么，而是帮助你明确目标，实现目标。

例如，如果你通过以下练习发现自己在无关紧要的事情上花费了过多金钱，那么你可以考虑做出改变。通过培养良好的消费习惯，有意识地消费，你将逐渐学会让自己的价值观与金钱统一。

为了更清晰地认识你的金钱价值观，我们将进行两个额外的练习，在练习中你需要：

- 确定你在生活中受金钱影响最大的领域及其原因。
- 在每组的两个事物中选择你更喜欢的事物。

练习 2：确定生活中的优先领域

这是一个分三步进行的练习，旨在帮助你确定自己的金钱价值观。

步骤 1：列出清单

金钱会影响生活中的大部分领域。在清单上写下你受金钱影响最大的生活领域。坚持写 5 ～ 7 个领域。这将有助于你进行下一步。

比如你可以写：

- 生活方式
- 婚姻
- 育儿与家庭
- 职业
- 友谊

- 健康
- 爱好与娱乐
- 教育
- 捐赠
- 退休

步骤 2：对清单上的内容进行排序

现在，将清单上的内容按重要性进行排序。在这里确定 3～5 个最重要的领域。进一步排序能够更清晰地反映出你的价值观，并向你展示需要在哪些领域投入金钱和时间。

步骤 3：明确动因

最后，请回答以下问题：你为什么认为你选择的这些事项对你很重要？它们为什么重要？深入挖掘并找到答案。再次强调，请认真思考这些问题。如果你需要停下来思考一段时间，那完全没问题。

明确动因将帮助你保持动力，并激励你采取行动。它会使你的情感和价值观、决策紧密相连，从而推动你前行。当你面临艰难抉择，或疲惫不堪、想要放弃计划的时候，它能帮你指引方向。

就以优化退休计划的想法为例吧，你的动因可能是想与儿孙共度美好时光，且不必担心旅行费用或继续工作到高龄。

在这里，金钱的用途不仅是充盈你的养老金账户，它还承载着更深刻的意义。你希望能用它来投资最珍贵的人际关系、创造难忘的回忆、留下值得铭记的遗产。这才是积极的"动因"。

如果你还在苦苦思索自己的"动因"，以下是一些提示，或许能对你有所帮助。

- 安全感和内心的平静
- 自由和选择权
- 充实感和满足感
- 知识和智慧
- 遗产和传承
- 健康和福祉
- 人际关系和亲密感
- 独立和自我能力
- 责任和义务
- 慷慨和慈善

花点时间查明价值观背后的"动因"。这些重要的想法、深层的价值观如同暗流，在你的日常行为中涌动。我们需要明确它们是什么，并确保你所声明的价值观与你的理财行为保持一致。

让我们看一个例子。

如果你非常看重育儿与家庭，那么你的"动因"可能是给家人营造安全感，并为后代留下宝贵的遗产。理解了这一点，你就可以把金钱当作一种工具，集中用于你的优先事项，服务于你的价值观。

为了营造安全感，你可以建立应急基金，启动长期投资计划，并利用储蓄构建坚实的财务基础。

为了留下遗产，你可以设立信托基金，或为后代的教育提供保障。

为了增进家庭关系，你可以精心规划预算，既满足日常需求，同时也开展一些有意义的家庭活动，比如度假或共度美好时光，以创造珍贵的回忆。

至此，可以看到"明确动因"是如何影响理财行为了吧？

练习 3：A 或 B 的选择题

我之前提到过，如果你想了解一个人真正的价值观，看看他们的支票簿或交易记录吧。金钱往往会随着他们的价值观，流向他们重视的领域。

现在，让我们深入分析一下你的金钱价值观。为此，请完成以下练习[一]。

想象一下，你突然得到一笔意外之财。这笔钱不需要用于任何日常支出，你可以随心所欲地支配它。下面列出了几

〇 改编自高中财务规划课程（NEFE@），1992。

组选项，在每组选项中，选出你最想把这笔钱花在哪个地方。只需圈出或标记你心仪的选项：

注意：以下是一个练习示例，人们通过二选一，可以确定其金钱价值观，如表 1-1 所示。

表 1-1 练习示例

A	B
慈善捐赠（如教堂）	度假 / 旅行
个人形象（如衣着）	慈善捐赠
社交活动（如外出就餐）	房子（如梦幻屋 / 度假屋）
投资（如退休金）	爱好（如运动）

我刚刚提到过，如果你想了解一个人真正的价值观，看看他的支票簿或交易记录吧。金钱往往会随着他的价值观，流向他重视的领域。

揭示你的金钱价值观

如果你还在为明确自己的金钱价值观而苦恼，或者想验证一下前两个练习的结果，那么接下来的步骤会对你有所帮助。

前面的练习可能会揭露你口头宣称的价值观与实际行为

不一致，也可能让你注意到自己的不良习惯或态度。但在这里，你无须感到愧疚。如果你觉得到目前为止还没有取得预期进展，也没关系。既然现在你已经了解了自己的状况，那就可以开始调整价值观和习惯，逐步朝着目标迈进。

以下步骤将提高你的认识，让你知道自己究竟把钱花在了什么地方。它们能够很好地反映出你当前（还没有开始有意识、有目的地管理金钱之前）的金钱价值观。随后，在接下来的几章中，我将指导你设定既让你满意又切实可行的目标。

为了全面揭示你的金钱价值观，请完成以下步骤。

1. 查阅银行和信用卡对账单

仔细审查你过去一年的银行和信用卡对账单，查看交易记录。这样你就可以从整体上了解自己的金钱价值观，看看它与自己所说的价值观是否一致。在查阅过程中，是否发现有任何异常之处？是否发现了某些规律或不合理之处？如果有，别担心，认识到问题正是解决问题的第一步。

2. 检查你的预算

预算不就是根据你的优先事项制订的消费计划吗？就算你现在还没有一个完善的预算也不必担心。我们会在下一部分详细介绍如何确定你的收入和支出。你为某项事务预留的资金的多少，反映了你对它的重视程度。在你的预算中，钱是否用在了你希望用到的地方?

3. 审视你的生活方式

现在,看看你住的房子、开的车、常去的超市,你的爱好,以及其他一切投入了时间和金钱的地方。这一切在某种程度上都受到金钱的影响。这些开销是否与你所说的价值观相符?

4. 确定需要做出的改变

看看你的交易、预算和生活方式,这些能更清晰地反映出你的金钱价值观。你也可以据此检查你的财务状况和价值观是否存在偏差。如果发现存在偏差,那就计划做出改变。这个改变不必太激进,也不必惊天动地。实际上,它最好是细微而简单的调整,为将来的发展奠定基础。

5. 开始践行你的价值观

价值观是你人生旅途中的指南针。如果你不知道该往哪里走,就看看指南针。当你做出有关金钱的决定时,请不断参照并践行你的价值观。在花钱之前,问问自己:

- 这个决定符合我的价值观吗?
- 这个决定会让我更接近我的目标吗?
- 我是否正在实现我的目标呢?

你能达成目标

我知道这一章抛出了许多需要深思熟虑的深奥问题，可能揭示了一些令人不快的真相，但希望它能激励你做出改变。或许你现在正审视着自己的财务状况，怀疑自己能否达到预期目标。在继续之前，我想重申，你完全有能力改变现状。就算你不是理财规划师或数学天才，也可以更有意识、有目的地管理自己的金钱。你只需坚持不懈地迈出一小步，就能够抵达目的地。

20世纪80年代初，我和我丈夫刚结婚那会儿，我们靠着每月的工资勉强度日。虽然这么说，但实际上，我们那点微薄的工资都撑不到下一个发薪日。我们那时没有任何财务目标，估计阅读这本书的一些读者也有类似情况。那时，我们花的钱很少，因为实在没钱可花，我记得我会从杂志上剪下图片，放进花一美元买来的相框里，用来装饰我们的家，至少能让墙上有点东西。那时我深刻体会到了没钱的滋味。

现在，我们的财务状况有了显著改善，我很高兴现在有能力去帮助别人。我经常收到学生的邮件，他们恳请我分享在讲座中使用的PPT，其中最受欢迎的是我讲解购房的那场。他们现在正处于考虑购房的人生阶段，所以这个话题对他们来说更相关。因此，他们希望通过PPT来温习相关内容。

还有一次，我的一个同事对我的一场讲座进行了同行评审，而那天讲座的主题恰好就是购房。她在这个社区住了十年，一直是租房住。听了我的讲座后，她瞬间有了购房的信心！她说自己不知道该从何入手，但我帮她把过程分解成了简单的步骤。甚至在我的女儿和女婿买第一套房子之前，我也把 PPT 发给了他们。这感觉太妙了！而且，这只是我所知道的几个故事。购房的确是一项非常令人头疼和倍感压力的决定，因为说实话，这可能是你一生中最大的一笔开销。但只要你了解和掌握房地产经纪人和贷款机构使用的术语，你就会信心倍增、继续前行。

再次强调，金钱并不能买到幸福。然而，它确实能减轻压力，让生活更加顺遂。我的目标是为你提供一个可靠的计划，帮助你朝着目标前进，把混乱变成平静。我自己能做到，并且成功帮助了很多人，相信也能帮到你。

本章小结

金钱习惯会影响我们的理财行为。在这一章中，我们探索了自己的金钱脚本、人格、习惯、态度和价值观，这为我们未来的行动打下了基础。其实并没有所谓的错误的价值观或习惯，关键在于它们之间是否协调一致。通过这些信息，我们能了解自己现在的状况，规划未来的方向。

核心要点

● 你现在已经了解了自己的金钱脚本、人格、习惯、态度和
价值观。

● 你对自己的习惯、态度和价值观如何影响你的支出有了更
清晰的认识。想一想这些因素对你的消费习惯产生的其中
一个负面影响，并思考你该如何改变它。

● 采取一种有意识、有目的的财务管理方法，对改善你的财
务状况至关重要。

| 第二章 |

生活的八大领域

　　说真的，上一章的内容很深奥，需要仔细琢磨、深入思考。本章将继续探讨如何在设定目标时更精准地进行自我定位。

　　你是否曾有过这样的体验：在生活的某个领域里，你如鱼得水，一切都进展得很顺利，所有的车轮都朝着同一个方向滚动。但在另一个领域，却是一片混乱。混乱可不是什么好事，所以你本能地想要避开那个领域。这种混乱使你不知所措，甚至根本不想面对。你可以开着生活的列车沿着当前的轨道继续前行，开始时一切都看起来很顺利，但最终，轨道可能会交错，火车也可能因此脱轨。

　　仔细审视生活的各个领域、维持各领域均衡发展至关重要。为此，你需要进行更深入的自我评价，明确自己的现状以及未来的目标，并在某个领域设定具体的目标。即使你目前尚未为实现这些目标采取任何行动，制订一个行动计划也能大有裨益。

没有目标，就像在跑步机上拼命奔跑，只是在原地踏步，并未真正前进。虽然你付出了巨大的努力，但丝毫未靠近目的地。这种感觉就像你渴望有所作为，却缺乏明确的方向和目标。

解决方法是什么？制定适合自己的目标。我们在前文讨论了将你的习惯、态度和价值观与金钱相契合的理念。设定目标时也应遵循这一原则，确保你的理财目标与价值观保持一致，并改变习惯，以契合你的目标。此外，这些目标必须与你生活的主要领域相关，并且具有价值。要想有意识、有目的地管理金钱，进而在未来实现自己的目标，关键在于洞察这些要素之间的联系。然后，在你最重视的以及想提升的领域设定一些目标，制订一个全面的计划。

生命之轮

你可以通过很多系统和模式来划分生活的主要领域。但没有哪一个系统是权威、万能的。然而，我发现作家兼励志演说家齐格·齐格勒提出的"生命之轮"（Wheel of Life），提供了一个清晰且全面的方法，可以用来把握生活各方面的基本状况，有助于你在生活的各个领域均衡发展。以下是他提出的"生命之轮的七个轮辐"。

（1）**心理**。我们的思想、心态、态度、行为和心理健康。

（2）**精神**。我们的信仰背景、整体人生哲学或准则。

（3）**身体**。我们的身体健康和福祉。

（4）**家庭**。我们与亲人的深厚关系，特别是与伴侣和子女的关系。

（5）**财务**。我们的金钱，我将其细分为收入、支出、资产和债务。

（6）**个人**。我们的个人成长和品格发展。我还会把纪律性和一致性归入这一轮辐。它还包括娱乐活动！

（7）**职业**。我们的工作，它反映了人生的意义和目标。

我还想增加第八个"轮辐"，即**社交**。这是指我们与朋友、熟人和同事之间的关系，如图 2-1 所示。

图 2-1 "生命之轮"的八个"轮辐"

　　我们做的几乎所有事情都属于以上的一个或多个"轮辐"。金钱影响着每一个"轮辐"，而每一个"轮辐"也影响着金钱。退一步来说，你的大多数（甚至全部）目标都涉及一个或多个"轮辐"。因此，在设定财务目标时，你需要考虑这些"轮辐"。

　　金钱与每个"轮辐"相互影响。让我们更深入地研究每个"轮辐"如何影响金钱，金钱又如何影响每个"轮辐"。

心理健康 ⬅━━━━➡ 金钱

　　金钱与心理健康相互影响。具体而言，一方面，负面情绪会引发不良消费行为，从而造成债务的不断累积。如果你总是为金钱和支付账单的问题发愁，你的身体就会产生创伤反应。

　　不良的理财习惯则会加剧负面情绪的循环，因此，在努力改善财务状况的同时，也必须关注心理健康，反之亦然。这种高度的财务压力往往会通过一系列身体症状表现出来，如失眠、焦虑、头痛／偏头痛、免疫系统受损、消化问题、高血压、肌肉紧张、心律不齐、抑郁以及普遍的压抑感等。

　　反之，我们的心理健康也会影响我们对金钱的态度。当我们心理状况不佳，或者心态、态度出现问题时，我们可能会过于吝啬钱财，或者因为恐惧而做出不理智的财务决策。我们经常通过消费来愉悦心情。这种消费行为能刺激多巴胺的分泌，多巴胺负责让你感到快乐、满足、充满动力。当你因取得了某项成就而感到心情愉悦时，正是因为你大脑中释放的大量多巴胺发挥了作用。

另一方面，积极的心理状态可能会给我们带来更多的财富。它使我们在工作中表现得更出色，同时做出清醒的决策，从而逐步增加净资产。健全的心智和充沛的情感能量能帮助我们养成良好的理财习惯，这些习惯将对我们产生深远的影响。随着财务状况的日益改善，我们会发现自己的内心更加平静与安宁。

精神生活 ⟷ 金钱

"精神"这个词对不同的人来说意味着不同的事物。有些人简单地认为精神是某种超越自我的东西，不管它是指精神上的、物质上的，还是指一套理念，如准则或人生哲学。归根结底，我们几乎都在为了某种意义和目的而努力。

作为一名基督徒，我的信仰极大地影响了我的价值观、优先事项以及我对金钱的态度。同样的，你的人生哲学和宗教信仰也会影响你对金钱的看法。

虽然精神信仰会以多种方式影响你的财务状况，但并非所有的方式都是积极的。例如，如果你像我一样是一名基督徒，你的一些信仰可能会导致你对金钱产生误解。比如，你可能会觉得："贪财是万恶之根。"

这句经文常被曲解为"金钱是万恶之源"。但如果你仔细研读，就会发现罪魁祸首是人们对金钱的贪欲，而非金钱本身。换句话说，我们对金钱的态度才是关键。我们时常贪得无厌，对现有的一切不满足，总是渴望得到更多，这种不必要的追求给生活带来了更多压力。毕竟，我们生活在一个"物欲横流"的社会中，我们所拥有的东西太多了，以至于不得不购买新的储物空间来存放它们，不知不觉中，我们把欲望变成了需求。

于是，我们不断地将自己所拥有的与他人进行比较，一旦发现他人似乎拥有更多，便心生嫉妒。我们内心涌动着一股"超越"他人的冲动，但随之而来的却是"错失恐惧"，这是一种情绪反应，源于认为别人过着更美满的生活。这常常导致我们感到不满、压力重重，甚至抑郁。社交媒体让比较变得轻而易举，从而助长了攀比之风。当你觉得自己的生活没有别人奢华时，焦虑和内疚感就会悄然而至。因此，许多人仅仅是为了追赶别人的步伐，却不知不觉背负上了沉重的债务。

无论你的精神信仰和背景如何，对自己所拥有的一切和所处的位置感到满足至关重要。与其纠结你没有的，不如专注于你所拥有的。这种态度和能力并非天生具备，需要靠后天学习才能发展出来。当我们把注意力转移到我们所拥有的一切上时，我们会变得更加感恩和知足。从贪婪到知足，这是你在人生旅程中必须经历的重要的心态转变。

"贪爱银子的，不因得银子知足。贪爱财富的，也不因得利益知足。这也是虚空。"

获得真正收益的原则与习惯：
与神学博士加里·约翰逊共探

加里·约翰逊（Gary Johnson），神学博士，是《过犹不及：在物质丰饶的时代过简约生活》（*Too Much: Living with Less in the Land of More*）一书的作者。他目前担任 e2elders.org（高效的老年领导者组织）的执行董事，致力于帮助老年人成为高效的领导者。除此之外，他还有数十年教学经验，传授《圣经》中阐释的个人理财原则。当被问及如何向感兴趣的人解释《圣经》中关于金钱的论述时，他这样回答："多年来，我一直在林肯和辛辛那提的神学院担任兼职教授，我经常教授的课程之一是释经学，我告诉我的学生，解读《圣经》有一条准则：'若某事物被多次提及，那它一定很重要；如果它反复出现，那便是所谓上帝在试图吸引我们的注意。'"

《圣经》中有大量内容谈及金钱及其购买力，这意味着所谓上帝的话语中蕴含着关于金钱及其购买力的深刻智慧，那为什么不去尝试了解并付诸实践呢？如果你采取行动，必将获得真正的收益。在与约翰逊博士的交流中，他分享了一个关于成功的公式：四项原则配合四个日常习惯，就能转化为真正的收益。

四项原则 + 四个日常习惯 = 真正的收益

他所说的"真正的收益"是什么意思呢？他指的是，除了实现更健康的财务状况之外，伴侣间不再为财务问题争吵，孩子也能在一个需求得以满足并有机会学习个人理财的环境中成长。这种安定与和谐是金钱永远无法买到的。

约翰逊博士阐述的四项原则包括知足、信任、感恩和谦逊，而他所提到的四个日常习惯则是指给予、储蓄、预算，以及无债生活。

约翰逊博士给了我这样的启示："我们越是践行这些原则、培养这些习惯，我们的家庭就会因此变得越强大。"无论你的信仰背景如何，这些原则和日常习惯都蕴含着深刻的智慧。如果你将它们融入生活，你将能够切实地感受到它们带来的益处。

身体健康 ⬅━━━⮕ 金钱

金钱以各种方式影响着你的身体健康。例如，它直接关系到我们对食物的选择。加工食品往往不太健康，但是它们价格通常比新鲜的天然食品更低，所以在预算有限的时候，我们往往会倾向于购买这类不太健康的加工食品。

金钱还直接关系到我们在健康方面的支出，如决定我们能否负担得起私人教练、健身房会员、营养师咨询、健康顾问服务，甚至医疗保险等费用。而且，由金钱引发的压力和焦虑也会给身体带来伤害。

你的身体健康也会对你的财务状况产生影响。当身体健康时，你在医疗保健上的开销就可能少一些。此外，身体健康的人往往也拥有更好的心理状态，从而间接地改善了他们的财务状况。

─────── **家庭中的财务对话：与达斯廷·斯洛特共探** ───────

达斯廷·斯洛特（Dustin Sloat）是爱德华·琼斯（Edward Jones）的财务顾问。他与我探讨了如何与我们的孩子和伴侣进行财务对话，然后分享了每个家庭都应该具备的理财习惯。以下是他所说的内容：

"我们在童年早期就已经形成了金钱脚本，这种脚本主要源于观察父母、祖父母和其他长辈的谈话及其行为举止。同样地，我们的孩子也是如此。"

作为父母，你如何看待谈论金钱这件事呢？近期的一项研究显示，虽然父母在提及这个话题时逐渐变得更自在，但仍有进步空间。86%的受访父母表示他们会和孩子谈论金钱，其中，大多数父母每月与孩子至少进行一次财务对话，而有一半的父母表示他们会刻意每月与孩子至少进行两次金钱方面的交流。

一个有趣的因素决定了父母能否自在地与孩子谈论金钱，那就是父母对于自身财务的自信程度。父母对自己的财务状况有信心，自然在与孩子谈论金钱时更自信，这一点尤为重要，因为父母的金钱脚本会潜移默化地影响孩子。

因此，如果你希望与孩子更顺畅地交流金钱话题，不妨先花时间提升自己的财务能力。不必急于求成，也不必一次性教给孩子所有知识。要想得心应手地处理某事，我们可以一次只专注一个方面。你可以根据孩子的年龄、成长阶段以及家庭实际情况，选择适合的话题进行讨论。这可能意味着，你的谈话内容会从解释存储零花钱的重要性开始，逐步深入到如何存钱购房。

此外，随着年龄的增长，以及收入与储蓄的增加，你需要确保你和伴侣（或未来的伴侣）在财务计划上保持步调一致。一起列出你们的账户、投资和债务情况。区分你的愿望与需求，并将它们列出来。同时，确保你们都知晓重要法律文件存放的位置。最后，思考一下临终计划，虽然这个话题可能令人畏惧，但与你的伴侣——那位与你共度余生并共同管理财务的人——坦诚交流这些重要事项至关重要。

最后，从细微之处开始改变。不必急于一夜之间改变全家的财务管理习惯。你可以先记录你的需求和愿望，然后明确你将如何处理借款和债务问题，同时建立紧急储蓄基金。与家人共同讨论重要的财务决策，并让孩子也参与到这些讨论中，让他们了解你们是如何处理这些问题的。如果你能够循序渐进地培养这些习惯，那么你将朝着更稳健的财务状况迈进，同时也能培养出更有自信的孩子。

注：本书作者与达斯廷·斯洛特之间存在业务合作关系。此信息并非对爱德华·琼斯所提供服务的推荐。

家庭 ⟷ 金钱

金钱对你的家庭有着深远的影响，它往往是导致离婚和家庭矛盾的罪魁祸首之一。你的原生家庭给你灌输了金钱价值观，而同样地，你也会给你的孩子灌输金钱价值观。

你的家庭会影响你的金钱价值观。每个家庭在金钱管理方面都有不同的习惯、态度和价值观。我们形成的金钱脚本、人格、习惯、态度和价值观往往受到我们的父母和其他家庭成员的影响，其中有些方面的影响甚至是我们未曾察觉的。

财务健康 ⟷ 金钱

金钱对财务健康的影响不言而喻，但财务健康的含义远超出金钱本身。它指的是个人财务的状态与稳定性，这涵盖了以何种方式支出、储蓄、借贷以及计划，从而确保个人能灵活应对挑战并把握机遇。美国消费者金融保护局与来自全美各地的消费者和专家进行了交谈，总结出了财务健康的四个关键要素[一]：

（1）一切尽在掌控中。

（2）具备应对财政冲击的能力。

（3）朝着目标前进。

（4）灵活地做出选择。

个人 ◀━━━━▶ 金钱

金钱让你有能力追求自己的爱好，也为你购买各种促进个人成长的产品提供了资金支持，这包括买书、上课、支付大学学费、出席会议等。无论是提升技能，还是塑造品格，往往都需要以某种方式投入金钱。即便是网上的"免费"资源，也需要拥有手机、计算机和网络连接，或者需要支付前往公共图书馆的交通费用。

在实现财务目标的道路上，自律和坚持将是你最强大的助力，其作用无可比拟。想要实现你的愿景，你需要设定清晰的目标，并培养良好的习惯，这是你前进的动力源泉。

职业 ◀━━━━▶ 金钱

金钱对你的职业有着深远的影响，同时，你的职业也在很大程度上影响着你的经济状况。手头宽裕的人往往能够更

㊀ 美国消费者金融保护局，"财务福祉：金融教育的目标"，Consumer Finance.gov，2015 年 1 月，https://files.consumerfinance.gov/f/201501_cfpb_report_financial-well-being.pdf。

洒脱地辞掉那些高薪但不合心意的工作，转而投身于收入虽少却与自己兴趣相符的工作。此外，金钱也能助力你参加技能培训和社交活动，以推动你的职业发展。

随着你在职场上的不断成长，你的收入也会水涨船高，同时你也能接触到某些类型的资产，比如退休计划和投资计划。而你管理金钱的方式也会因你的职业身份而异，如承包商、公司员工、企业主，每种身份都会为你的财务状况带来不同的优势和挑战。

社交生活 ⬅➡ 金钱

你的人际关系对你的金钱也有很大的影响。花钱大手大脚的朋友是否经常怂恿你外出或旅行？邻居是否经常炫耀他们的大额消费？爱管闲事的家人是否总对你的消费习惯指手画脚？为了维持与金钱的健康关系，你可能需要与某些社交圈划清界限。

你身边的人对你的影响不容忽视。与那些通常和你有着相同财务展望的人保持亲近，对你大有裨益。他们良好的金钱管理习惯会潜移默化地影响你，让你学会如何与金钱和谐相处。把注意力放在他们如何帮助你成长上，而不是进行无谓的比较。这并不意味着你不能与财务管理习惯不良的人交朋友。但你必须保持警惕，确保这段友谊不会给你的财务状况造成混乱。

多米诺骨牌效应

我们已经讨论了金钱与生活中八个主要领域之间的相互作用。想到要在每个领域都设定改进目标，可能会让人感到压力重重。因此，我喜欢分享这样一个真理：在一个领域有进展往往会推动其他领域的进展。换句话说，你不必为了拥有良好的财务状况而试图做到面面俱到，拼命去改善你生活中的八个领域。此外，专注于设定和实现你的财务目标，会自然而然地促进其他领域的全面提升。

我的意思是：当一个人管理好自己的财务，开始赚更多的钱，并积累更多的净资产时，他们的心理状况也会因此改善。他们不再那么焦虑、睡得更香，对未来的态度也会更加积极乐观。

良好的心理健康有助于改善社交生活和家庭关系。因为家人、伴侣之间常常会因为金钱而争吵，所以，减轻财务压力会让你拥有更加和谐的人际关系。而且，如果你不再担心花钱，享受音乐会或外出就餐等活动，你的社交生活也会更加丰富。如果你拥有和谐的家庭生活和强大的社交网络，你将获得更好的职业机会。这正是波特·盖尔（Porter Gale）所说的"让我看看你的社交圈，我就能知道你的净资产"的由来。有时候，一位可靠的朋友甚至能帮你获得理想的工作。

一份更好的工作能够改善你的整体财务状况。这进一步巩固了你的经济状况，可能会给你带来收入和福利，以改善身体素质、维持身体健康。此外，你还可能有多余的钱用于修行、慈善捐赠和个人成长。

一旦你开始行动，美妙的多米诺骨牌效应将随之而来。注意，我上述提及的步骤并非唯一途径，仅作为举例说明。我只想告诉你，当你成功管理好自己的财务后，你会突然发现生活的其他方面也在改善，对此不必感到惊讶。这正是我工作中的一大乐事——协助人们更加有意识、有目的地管理金钱，并亲眼见证他们的生活因此发生的积极转变。

接下来该怎么做

我们已经详细探讨了八个不同的领域，以及金钱如何与这些领域相互影响，并给出了具体的例子。现在是时候将这些信息纳入到我们的计划中去了。

让我们再次回顾这些领域。

- 心理
- 精神
- 身体
- 家庭
- 财务

- 个人
- 职业
- 社交

在审视每一个领域时，请多花些时间深入思考。大多数人都会有一些做得不错的领域、一些表现尚可的领域，以及一两个需要重点关注的领域。不论你觉得自己做得比平均水平好还是差，都没关系。重要的是不要与他人进行比较，也不要拘泥于社会对你的期望。

挑选出 1～2 个你想要重点关注的领域。你的财务目标应该与这些领域直接相关。当你实现自己的财务愿景时，你会发现这些领域有了显著的改善。

最终，你应该为生活中的每个领域都设立一个目标。平衡是关键，因为生活中的各个领域会相互影响（上文也讨论过），你会发现它们之间有很多共通之处。此外，你会发现金钱对每一个领域都有巨大的影响。

接下来，是时候设定目标了。

设定目标

还记得跑步机的例子吗？那就像是你有着提升生活中某些领域的大致想法，但从未设定目标或制订计划。如果你不设定目标并有意地做出改变，那么你很可能只是在原地踏步。

五年后，你仍然会停留在原地。这是你想要的吗？

再次重申，我可不是在给你强加某种价值观。这完全取决于你对自己的期望，以及如何实现自己未来的愿景。打造你梦寐以求的未来，全靠你自己。而我要告诉你的是，实现这一愿景的最佳途径，就是培养良好的习惯，设定明确且可行的目标，确保这些目标与你的价值观相契合，并专注于你生活中最重视的领域。现在，你能否看出这一切是如何紧密相连、环环相扣的呢？

到目前为止，我们所了解的所有信息都有助于我们了解自己的财务状况及其对我们生活的影响。同时，这些信息也指明了我们在设定目标时可能需要重点关注的领域。

金钱作为"生活板块"的得力工具：与特雷莎·麦克洛伊共探

特雷莎·麦克洛伊（Teresa McCloy）是 REALIFE 流程的创始人和创作者。她专注于指导领导者、演讲者和培训师发展并丰富其企业及非营利组织。她的团队不仅提供认证服务，还进行专业辅导，助力各组织提升全球影响力，并基于这种影响力创造收益。

当特雷莎开始亲自指导某人的时候，她会了解对方的"生活板块"。据她所言，每个人的生活中都有 5～7 个至关重要的领域，这些领域构成了他们的"生活板块"，听着是不是有点熟悉？此外，她的所有客户都告诉她，有一个模块是他们首要关注的：财务。

有些人注重财富积累，而有些人则注重慷慨给予或创造财富，这取决于他们所处的人生阶段。但特雷莎认为，关键在于——金钱是每个人人生经历的一部分，因为我们都有关于金钱的经历。

这种经历影响着我们的金钱行为。在你的脑海中，可能有一段关于金钱的录音在不断播放。特雷莎和她的团队协助人们重新审视这些金钱脚本，并将其转变为新颖且可信的观念。她教导人们与金钱和谐共处，而不是让它支配他们的生活方式、人际关系、精神健康、身体健康及工作等各个方面。

在特雷莎的职业生涯中，她一生都在创业。她回忆起自己不到 10 岁就开始挨家挨户地卖圣诞贺卡，那时她的信念是："我想拥有自己的钱，能自由支配的钱，享受真正的自由！"这个信念促使她更加努力地工作，不断尝试赚钱的新方法。结婚后，她仍然做着几份不同的工作，坚持自己赚钱自己花，因为金钱能给她带来她所向往的自由。

这种信念促使特雷莎在互联网和电子商务出现之前就开始经营实体零售业务。她擅长辛勤工作，但在管理这类业务的后勤运营方面却经验不足。她的生意开始逐渐亏损，走投无路之际，她瞒着丈夫借了钱。

店铺最终还是没能逃脱倒闭的命运，她鼓起勇气，向丈夫坦白了自己所做的一切，之后，她用了整整10年才还清了所有的债务。这次经历让她彻底醒悟，开始改写自己的人生剧本。

她不再将金钱视为万能之物，而是将其视为实现目标的工具。她领悟到，她无须赚取巨额财富来获得掌控感，反而开始从人际关系和工作中追寻更多的满足感。于是，她运用学到的所有经验，成功建立了自己的咨询业务。

当她开始当前这份事业时，脑海中浮现出的过去创业失败的经历让她不禁心存疑虑：她会成功吗？她能妥善应对这一切吗？特雷莎说："我们的经历不会完全消失，但我们可以重新塑造和改变它们。"最终，她以全新的视角看待金钱，并以此为工具，助力自己在各个领域取得成功。

接下来，我们将探讨如何通过更明智（SMARTER）的方式来设定我们真正能够达成的目标。

本章小结

在财务生活乃至整个人生中，没有目标就像是在跑步机上奔跑。我们竭尽全力，却只是在原地踏步。因此，我们需要正确的目标来指引我们前进。那么，什么是正确的目标呢？这些目标针对我们生活中最重要的领域，建立在了解金钱如何影响这些领域的基础上。只要了解了"生命之轮"以及"轮辐"是如何相互影响的，我们就可以通过设定目标来构建我们想要的未来。

核心要点

- 生命之轮包含八大影响金钱的要素：心理、精神、身体、家庭、财务、个人、职业和社交。

- 你已经明确了生活中的哪些领域正在蓬勃发展、哪些领域需要改进。请思考在需要改进的领域中，你可以做出哪些改变。

- 离开原地踏步的跑步机，开始朝着你的愿望迈进。

第三章

设定 SMARTER 目标

上班，领工资，还账单；上班，领工资，还账单；上班，领工资，还账单。这样的流程你应该很清楚了吧？这就是个恶性循环。这样的生活持续了一段时间后，你就会想："生活的意义难道仅限于此吗？"要是你不做出任何改变，那么我猜答案很可能是："是的！"又或者，你会问："三十年或四十年后，我还在做同样的事情吗？"如果你不做出任何改变，那么我猜答案可能依然会是："是的！"如果你不改变自己的想法和行为，我敢保证，这就是你未来的写照。如果你对此感到满足，那自然很好。但要是心有不甘，那就趁现在，好好思考未来五年、十年，乃至十五年的理想生活吧！

有多少次，我们在新年的第一天暗自发誓："是的，就是今年，我一定会达成目标，完成所有的新年计划！"当下的你满怀激情、动力满满、迫不及待地想要实现这些计划……才一周过去，你就故态复萌，曾经信誓旦旦要完成的计划也被抛诸脑后。重点是，这些新年计划往往和你过去十年里制订的计划一模一样！到了 2 月 1 日，你可能想：新年计划是什么来着？

多年来，我们在设定和思考目标的方式上一直存在误区。真正决定你能否实现目标的关键，在于你是否采取正确的途径和策略来制定目标。

我们要转变思维，有意识、有目的地设定目标，确保能持之以恒地稳步向目标靠近。目标能否实现就取决于你思考目标时所采取的方式。

你是否完成了你的新年计划？如果你的答案是肯定的，恭喜啦，请你再接再厉。不过，即使如此，你也可能从本章中获得一些新的启发来优化你的目标设定过程。但是，如果你和大多数人一样，容易半途而废，那么我有个好消息要告诉你，你将习得一套可以增加目标达成概率的系统。

我们将掌握目标设定的基本步骤，结合过去几章讨论到的"动因"，制订一个简单易行的计划，并专注于最重要的领域。大多数人失败的原因就是，他们忽略了其中的某一个步骤，目标的实现关键在于完成这些步骤。

为什么设定目标

设定目标是制订财务计划的第一步。你的目标就像一张地图，可以指明前进的方向。一方面，失去目标，你就无法从当前的起点出发，到达理想的目的地；另一方面，即便你还未到达目的地，但知道自己正朝着正确的方向前进，这份自信感是无价的。此外，由于你的目标与价值观和信念相契合，并针对你想要改善的具体生活领域，你会更有动力去实现它。一旦目标确立，相应的习惯就会自然而然地形成。

达成目标需要你做出改变，并持之以恒。还记得前文提到，你在生活的某个方面取得进步，往往会带动其他方面的提升吗？这就是所谓的连锁反应，它是推动你做出全面积极改变的动力，也是目标难以实现的原因。如果你设定的目标不需要你做出任何改变，那它就没什么意义。无论你是否实现它，都无关紧要，因为你不会蜕变成一个新的自己——一个能够持续增加收入和净资产的人。

没有目标，你将会继续盲目地花钱、存钱，没有明确的目的和未来的方向。相比之下，制订计划并设想你的成果，而不是随意地挪动资金，将帮助你更好地掌控情况并获得一个明确的目标。记录你的进展，每达到一个里程碑都会激励你不断向前。有意识地消费与设定目标相辅相成，帮助你坚守自己的价值观和信念。总的来说，这个过程将带给你更多的满足感，同时你也会看到自己的愿景逐渐变为现实。

基本原则

这套目标设定系统就是 SMARTER 目标。或许你听说过 SMART 目标，这两者之间有着密切联系。SMARTER 目标在过程设置上增加了些许元素，可以增加目标实现者的动力，保持前进方向。在介绍 SMARTER 目标前，我想先提几点建议。

（1）**设定合理的高目标**。你的目标应该定得高远一些，但不可过于高远。一方面，目标应具备足够的挑战性，需要你改变习惯和生活方式去达成，这样的目标实现起来才有意义。另一方面，目标不应设定得过于不切实际，以免让你在实现过程中感到灰心丧气。

（2）**保持目标的灵活性**。在设定目标的过程中，可能有些长期目标要花很多年才能实现。不必过分执着于这些目标，随着人生阶段的变化，你会发现你的目标也在与时俱进，或者出现一些不可控因素，让你无法继续沿着原定道路前进。既然长期目标会发生变化，是否意味着不应该设立长期目标？不是的，这仅仅意味着你要定期评估目标，确保它符合你的期望，同时在下一次评估之前，你仍需坚持不懈地朝着目标努力。

（3）**将你的目标放在每日可见的显眼位置。**这是助你达成目标的有效方法之一。只有看在眼里，才会放进心里。务必每天提醒自己目标是什么，可以将它们设置成你手机的锁屏背景，或者写出来贴在浴室镜子上，无论采取何种方式，都要确保每日将目标铭记于心。另外也要明白，有时你可能会感到力不从心，没有精力思考和规划未来，只想放松一下。这很正常，不必为此感到内疚。

设定 SMARTER 目标

在我看来，SMARTER 目标是有意识、有目的地管理财务的最优策略。SMARTER 的每一个字母代表一个准则，便于记忆。以下是这些准则。

S 代表具体（Specific）：尽可能地将目标具体化。不要说"我要多存钱"，而要说"我要开始存钱，每月存 200 美元到退休储蓄账户中"，内容越详细精确越好。此外，在设定目标时，要展现出积极向上的一面。比如，"停用信用卡"应该说成"用现金或借记卡支付"。

目标具体化还有助于你将大目标细分成小目标来记录你的进展。关注你的努力和进步，而不是结果。"我将在未来 5 年内向我的退休账户投资 30 000 美元"应该说成"每年投资

6 000 美元",或更细化地表达为"每月投资 500 美元"。

M 代表可衡量（Measurable）：没有衡量目标的方法，你就不会知道目标是否已经达成。拿财务目标来说，这通常是指为每个目标设定具体的金额。比如，"我想存更多的钱"和"我想存 10 000 美元"，哪个更好？答案一目了然！

A 代表可实现（Achievable）：在设定目标时，请确保你拥有实现这些目标所需的技能和工具。这又回到了"不要设定不切实际的高远目标"这一理念。你的目标是否与你当前的能力和财务状况相匹配？是否需要学习新的事物才能达到目标？在这个阶段，你就要开始考虑外援。你可以让伴侣共同参与目标设定，也可以找财务教练或顾问咨询。

R 代表相关性（Relevant）：这关乎你设定目标的原因。你所设定的目标应该与我们上一章讨论的八个生活领域中的一个或多个相关。这样的目标能够激发你的动力，并确保你在目标达成后，生活的某个特定领域会得到改善。换句话说，达成这样的目标能让人更有成就感。同时，请花时间思考这个目标对你的重要性。

T 代表时限性（Time-Bound）：没有明确截止时间的目标，就像是遥不可及的梦想或愿望。给目标设定一个时限，你每天就能有动力朝着它前进。为此，你需要设定一个具有挑战性但可实现的完成期限。例如，你可能无法在本月就存够房子的首付，但存 1 ～ 2 年也许能攒够。

以上是 SMART 目标准则，接下来是对 SMART 目标准则的升级补充，也就是 SMARTER 目标。

E 代表令人振奋（Exciting）：想象一下目标实现后的情景，你是否感到兴奋不已？你生活中的某些领域是否得到显著改善？如果这种想象无法让你感到精神振奋、跃跃欲试，那就试着设定一个更宏大的目标，或者将焦点放在另一个领域。情感动力是做出改变、巩固财务习惯的必要因素。

R 代表可记录性（Recorded）：如果你不把 SMART 目标写下来提醒自己，那么设定它又有什么意义呢？这再次强调了将目标置于显眼位置的重要性。如果你把目标写下来，而不是只在心里想想，这样你不仅能记得更深刻，还能更准确地衡量自己在实现目标的过程中所取得的进展。

失败的计划等于计划失败

计划的过程起初可能会令人倍感压力。但要知道，随着你逐渐克服了最初的逃避心理，整体压力也会随之减轻。这一过程将帮助你明确优先事项，促使你制订出一个简单的行动计划，让进步成为一种自然而然的习惯，无须为此思虑或担忧。

相较于长远目标（如还清房贷），摆脱短期债务等短期目标往往更易达成。这些能够快速达成的目标会赋予你信心与动力，让你继续朝着耗时更长、需要自律才能达成的目标迈进。这正是我们应将目标细分为短期目标、中期目标和长期目标的原因。

短期目标，耗时不超过一年即可达成，它们是基础目标，有助于你实现更大的目标。以下是一些短期目标的范例。

- 成为一个有意识、有目的的消费者。花一个月的时间来记录你所有的开支，同时记录下消费时的感受以及这笔消费对某个生活领域的影响。仅仅是记录开支这一行为，就可能让你发现一些意想不到的消费模式。我希望你将此目标设为你的短期目标之一！
- 制定预算。这不仅仅是一个收支计划，也是实现有意识的财务管理的基础。如果你尚未制定预算，那么这应当是你的首要任务。
- 还清信用卡。摆脱债务，因为它会阻碍你的长期储蓄与投资计划。
- 设立应急基金。这一目标必不可少，设立一个储蓄账户，专门用于应对突如其来的意外支出或失业等紧急情况。建议这笔资金足以支付你 3 ～ 6 个月的开销。

我的小女儿迁居至东海岸后，我曾向她强调设立应急基金的重要性，以应对如爆胎、修车等意外情况。她却翻了个白眼，讥讽地回应道："我才不会遇到什么紧急情况呢。"快到嘴边儿的话是"妈，你可真笨"。总之，她觉得没有必要设立这个基金。我表达了我的观点后便不再多言，只是提醒她，"父母银行"已暂停服务了。

几个月后，猛烈的飓风席卷了东海岸，迫使她与 10 位朋友紧急转移到内陆的一个民宿中，一住就是 10 天。那段时间里，她的收入中断了。这正是一个教育的好时机，我便向她重申了设立应急基金的重要性。很多时候，正是那些痛苦的经历，让我们有机会吸取金钱管理方面的深刻教训。这么说吧，她现在已经设立了应急基金。

中期目标，需要更长的时间来实现，可能需要 2 ～ 3 年，它介于长期目标和短期目标之间。或许在实现了一些短期目标后，你会有信心去追求更远大、对生活影响更深远的目标。以下是一些实例。

- 偿还（或还清）助学贷款。如果你每个月偿还的金额超过最低还款额，你就能更快地还清债务。贷款还清后，你每个月的净收入将大幅增加，你也会感到无比轻松和满足。
- 为假期或婚礼存钱。虽然人们知道自己总有一天会迎来假期或举办婚礼，但并非所有人都能提前为此储备好资金。然后，他们会用信用卡支付大量费用，最终陷入债务困境。因此，你可以根据假期或婚礼的日期，倒推出每个月需要储蓄的金额，确保有足够的资金应对这些事务。

- 买车。支付尽可能高的首付款，能全款购车的话就更好了。然后，如果需要贷款，则选择尽可能短的贷款期限，以减少总利息。想想看，拥有一笔应急基金，没有信用卡债务，汽车已全款付清，这样的财务状况无疑会改善你的心理健康状态。

长期目标，通常需要 5 年乃至更长时间才能达成，但是目标达成后会让人获得极高的成就感。以下是一些长期目标的例子。

- 购房或还清房贷。当然，这取决于你所处的人生阶段，它也可能被视为一个中期目标。然而，对许多人来说，这是他们人生中最大的一笔开支。全额购房是人们的梦想，现在我以亲身经历告诉你，这感觉真是妙不可言！若你尚未达成，不妨将长期目标设定为尽可能多地积攒首付款，以此降低按揭费用，并且每月超额还款，以便更快地偿还贷款本金。
- 为退休生活储蓄。我的座右铭是"今朝享乐，日后当还；先苦后甜，未来悠闲"。如果你现在挥霍无度，退休后的可用资金将大幅缩水，届时你可能仍需工作，无法享受退休生活。如果你现在开始储蓄，日后获得的复利将让你在未来拥有更多享受生活的资本。

将你所有的目标，特别是长期目标，细化为可衡量、可追踪的短期阶段性小目标。与其想着还清房贷，倒不如想想你今年能还多少。我建议针对我们在第二章中讨论过的生活领域，在每个领域中设定一个目标，并专注于你目前最热衷的领域。

首先，设定一个长期财务目标。比如支付房子的首付款、偿还助学贷款、为度假或退休储蓄，或者建立应急基金。当然，这只是建议，你可能有其他想法。

现在，你可以开始行动，朝着未来的目标努力。具体做法是，将长期目标细分为一系列短期目标。比如，若你的目标需 10 年才能达成，不妨先制定为期 5 年的中期目标，进而细化为 1 ～ 2 年的短期目标。这样，每达成一个短期目标，你都会获得成就感，从而保持前进的动力。

分解目标

设定目标需你改变自己的习惯，而且这不是一件能"速战速决"的事情。一旦你确定了长期目标，就可以设定中期目标，作为达成主要目标的"途经点"。其间可以设置多个中期目标，它们如同阶梯，一步步引领你攀向高峰。

首先，确保你的目标可衡量，且设有明确的达成期限。其次，保证这个目标的达成能让你激动不已。最后，它应与你想改善的生活领域紧密相关。

写下你的长期目标后，再写出 2 ～ 5 个有助于你实现它的中期目标。然后，针对每个中期目标写下短期目标，以帮助你实现中期目标。

这样的细分可以让你了解每天、每周、每月都需要做什么。当你实现短期目标时，你就知道自己正朝着中期目标前进，从而让你有信心逐步实现长期目标。重要的是，今天的每一分努力，都是在向着未来 5 年、10 年乃至 30 年的目标迈进。

因此，不妨制定一份详尽的清单，明确每天、每周、每月的任务，逐步实现你的愿景。

激发动力

干得好！你已经确定了一个长期目标，并将其分解成更精细的短期目标。每完成一个短期目标，都意味着你离长期目标更进一步，这将给你带来巨大的动力。现在，请按照以下步骤，持续激励自己，长期保持这股势头。

（1）**每日重温你的目标**。将它们记在手机上、浴室镜子旁、冰箱上或床边。比如，它可以是你梦想家园的照片，贴在家门口，每天出门前都能看到。如果你喜欢视觉化的东西，可以制作一幅关于目标的拼贴画。看上去既美观，又能激发你追求目标的动力。

（2）**时常回顾进展**。设定每日、每周、每月的"自我检查"时间。仔细分析你的进展：是否完成了既定任务？这些努力是否让你离短期目标更进一步？如果没有，请及时调整努力方向。

（3）**建立一个自我奖励机制**。每达成一个目标，你会如何庆祝？你可以花时间做自己喜欢的事情，或是品尝最爱的食物。别忘了庆祝那些小胜利，它们能激励你持续前行。

（4）**如果偏离了轨道，请不要有压力**。人非圣贤，孰能无过？允许自己有"喘息"的时间，暂时放下一切，好好放松——无须担心或忧虑未来。当挫折出现时，不要夸大其影响，更不要否定之前的所有努力。相信自己，下次一定能做得更好。保持灵活性，因为生活总爱出其不意，打乱我们的计划。随着时间的推移，目标有所调整也是正常的。

（5）**专注于当下**。你无法控制一周后的情况，更不用说一个月、一年或十年了。但请记住，你今天所做的每件事，都在为你的梦想添砖加瓦。因此，只要今天全力以赴，你就是赢家，没有人能夺走你的成就。每天晚上，你都可以为小小的进步而庆祝，因为你离终点线又近了1%。

（6）**与合适的人分享你的目标。**这样你才会有责任感，进而继续朝着目标前进。当意识到有人知晓并关注你的目标时，你会更有动力。但请确保这位分享对象充满正能量，能成为你的坚强后盾。若对方只会泼冷水或表达怀疑，那就不要向其透露你的目标。

（7）**设定个人和家庭目标。**如果你有配偶或伴侣，不妨携手制定一些长期目标，确保双方步调一致，同向而行。这可能需要双方互相妥协，但远比各自为政、背道而驰要好得多。与此同时，你也可以根据自己的愿望单独设定个人目标。这样，你就可以实现两全其美了。

我们已经探讨了金钱习惯、态度和价值观的根源，揭示了它们如何影响我们生活中的各个领域。接着，我们学会了如何根据自身的价值观和愿景来设定目标，这实际上为我们清晰地描绘了一幅未来蓝图。接下来，我们将学习如何制作一份清晰明了的当前财务状况概览，因为不了解自己的起点，就无法准确规划前行的道路。

记住，我们需要明确目标、了解现状，然后学习、规划与执行。接下来，我们将讨论如何了解自己的现状。

本章小结

　　SMARTER 目标是 SMART 目标的升级版，它涵盖了 SMART 目标的所有优点，不仅集具体、可衡量、可实现、相关性和时限性于一身，还融入了令人振奋及可记录性，为达成目标增添了额外的动力。每天将目标置于眼前，回顾并庆祝每一点进步，并构建一个支持体系，这样你实现目标的可能性将大大提高。

核心要点

- 制订一个坚实、有策略性的计划是成功实现目标不可或缺的一步。

- 使用 SMARTER 体系，将长期目标分解为中期目标与短期目标，这些阶段性目标将指导你每日、每周、每月的行动。

- 养成庆祝进步的习惯。你现在已经超越很多人了，并且你正逐步掌控自己的财务命运。

第二部分

了 解 现 状

当你开始拼拼图时，你首先会把碎片一股脑儿地从盒子里倒出来，这时基本上是一片混乱。虽然盒子上印有拼好后的图案，你脑海中有了整体的样子，但你还是不清楚每块碎片该如何拼凑。其实你的财务图景也是如此。

首先，我们得弄清楚现阶段的处境，即我们的财务状况。到目前为止，我们探讨了金钱脚本、人格、习惯、态度和价值观等因素对财务现状产生的影响。我们也审视了金钱如何影响我们生活的各个领域，以及如何设定契合各个领域的目标。总之，我们已经明确了目的地，也绘制了前行的路线图。

我们现阶段的处境到底如何呢？此时，对财务状况的大致了解就发挥作用了。既然碎片都已经倒出来了，我们就得识别、分类和整理，让它们能够拼合在一起。这也正是你开始组装这幅财务拼图的起点。

初步了解了自己的财务状况，你可能发现自己虽然收入很高，但其他方面却全是漏洞，要么深陷债务，要么盲目消费。如果你的债务数额巨大，入不敷出，那么你的高收入就毫无意义了。想想看，你肯定是努力工作才获得了高收入，自然希望它能为你带来财务上的助益。或者，也许你收入不高，但没有债务拖累，因此净资产为正值。现在，你希望妥善管理收入，打造一个更加安逸、更有保障的未来。

现在，我们要仔细审视财务拼图的各个组成部分。我们要有策略、有条理地将这些部分拼凑起来，将混乱扭转为有序。这些组成部分是什么呢？它们就是你的收入、支出、资产、债务和净资产。每一部分主要与其他一两个部分相契合，共同构成了一幅完整的财务图景。下面的章节将深入探讨每个部分的定义，以及如何衡量和追踪它们。

最终的图景，也就是我们的目标是什么呢？对大多数人来说，那就是增加净资产。你真正的财富是你的净资产，而不是你的收入。例如，一个净资产为 100 万美元且不断增长的人，比一个年收入 100 万美元但负债累累的人要过得更好。我们常常陷入这样一种误区："我需要赚更多的钱才能变得富有。"这其实是一种错误的观念。

真相更贴近于："我需要确保我的收入高于支出，资产多于债务，并且持续保持这一趋势。"用更简单的话来说就是："我需要增加我的净资产才能变得富有。"你在增加收入和资产的同时减少支出和债务，你的净资产就会增加，整体财务状况也会随之改善。

了解你的现状以及需要达成的目标，将为你在这个领域的成功奠定基础。你需要制订一个计划并付诸实施，才能从今天的状况迈向明天的愿景。

最后，有一点要注意：请避免自我评判和攀比，这不是我们的初衷。你可能会对自己的消费习惯或债务问题感到内疚或羞愧，也可能会忍不住与收入更高或看似净资产更多的人进行比较。但请记住，这并不是我们应该关注的重点。无论你的财务状况如何，你都可以遵循计划来实现你的目标。而这一切的起点，就是了解财务拼图的各个组成部分。

将你的财务拼图分解为五个部分——收入、支出、资产、债务和净资产——将清晰地展示你当前的财务状况。

| 第四章 |

你 的 收 入

图 4-1 展示了财务状况的四个主要衡量标准。

（1）收入与支出

（2）资产与债务

（3）债务收入比（DTI）

（4）净资产

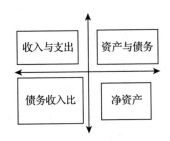

图 4-1　财务状况的衡量标准

我们在第二部分将介绍这些指标的含义、计算方法及处理这些指标的方式，这样你才能得到一个可供参考的财务状况。

再来讲讲我女儿在东海岸的一段经历。她刚搬到那边时，从事服务业，收入颇丰，游客给小费时也很慷慨。然而，几年后，她意识到这并不是她的归宿，她渴望找到一份所谓的"成熟女性"的工作。后来，她确实获得了一份绝佳的工作，工作环境也十分优越……但薪水却打了折扣，因为这份工作没有小费可拿。

当我们准备启程去看望她时，她说了一句令人惊奇的话："妈，我在财务方面需要你的援助。"我兴奋不已，连忙整理好我的教学资料，然后我们就出发了，这是一个进行针对性财务指导的绝佳机会！

我给她布置的第一个任务是填写支出表。她详细列出了自己一个月的所有开销（我故意没去看这张表，因为我知道看了之后我可能会忍不住给出她不想听的建议）。接着，我让她记录了自己一个月的总收入。她把写有这两项数值的纸交给我，随后我进行了审查。

看过这些数值后，我把纸递回给她，说道："你要么再找份兼职，要么就减少开销，否则你现在的收入根本不够花。"唉，这话她可不爱听。跟上次提到应急基金时一样，她翻了个白眼，带着嘲讽的语气，还耸了耸肩膀，反驳道："我哪还有时间做兼职？我周一到周五从早上八点到下午四点半都要上班。"我告诉她：晚上和周末的时间都可以利用起来嘛！"想当年，她爸爸和我遇到难关时，经常同时打两三份工。虽然不必长久如此，但有时候是迫不得已。找份兼职可以帮你撑到加薪、领奖金或升职的时候。

我女儿坚信她的开销已经降到了最低。于是，她决定再找一份服务业的兼职，以重新获得额外的小费收入。大约六个月后，她仅靠一份工作就能维持收支平衡了。

这里还有一个类似的例子，凸显了收入对我们财务状况的重要性。

设想有两个人，分别叫贝丝（Beth）和但丁（Dante）。他们俩每年的工作收入都是 10 万美元，这本身就是个不错的成就，按常理来说，他们的财务状况应该都颇为稳健，对吧？但未必如此。收入只是财务拼图中的一部分。它与拼图中的其他部分，特别是与支出的关系，可能是决定财务状况是混乱还是平静的关键因素。

在过去的一年里，但丁不仅花光了自己的积蓄，还欠下了 1 万美元的信用卡债务。然而，贝丝只花了 5 万美元，其余的收入都用于投资了。那么，在这两个人中，谁的财务状况更健康呢？

当然是那个支出少于收入的人的财务状况更健康。

想象一下，如果但丁的年收入是 20 万美元，而贝丝仍然是 10 万美元。在这个例子中，但丁依旧花光了自己所有的积蓄，贝丝的财务状况仍然更健康，因为她每年还有额外的 5 万美元可以支配，而但丁却一无所有。随着时间的推移，贝丝的净资产将比但丁更多。尽管但丁的收入是贝丝的两倍，但他却陷入了财务困境。

现在，如果但丁能够改善自己的理财习惯，并设定与自己的价值观和态度相符的目标，他就能更快地增加自己的净资产。毕竟，他的收入是贝丝的两倍，这意味着他可以有更多的资金用于投资，以增加自己的净资产。

目前，他的财务状况并不健康。开支较少的人会感到自己的收入发挥了更大的作用，即使他们的收入并不高。在谈论收入时，这一点至关重要，因为很多人错误地将"收入"与"财富"画等号。虽然收入是财务拼图中的一部分，但我们必须将它与其他部分联系起来考察。

因此，你的收入很重要，但更重要的是你的收入与支出的关系。

本章讨论了收入，这是收入与支出计算的前半部分。接下来的四章将探讨支出、资产、债务和净资产，以帮助你全面了解自己的财务图景。

首先，我们要学习如何计算收入与支出。别一听到"计算"这个词就皱眉头。可能你正是因为不喜欢数学才买这本书的，我曾向你保证，你不需要成为数学天才。你确实不需要，我会尽量让所有的计算都简单易懂。

现在，重要的是记住，收入不是孤立存在的。换句话说，赚得多并不意味着你的财务状况就一定好。不信你问问但丁就知道了。

收入：收入与支出的前半部分

要计算收入与支出，只需用收入减去支出。这将得出一个正数或负数，分别代表盈余或赤字。要确定你的收入，就得先退一步，考虑你所有的收入来源。

提到收入，你往往会想到工资和薪水。然而，收入并不仅限于你的工作所得。它不仅仅包括你每月或每两周领到的工资，而是指你所有的进账。以下简要列出了除主业外，你可以增加收入的其他方式。

- 奖金
- 整理、出售家中杂物
- 证券交易
- 收到现金礼物
- 副业
- 投资分红
- 退休计划和养老金
- 社会保障金

如果你回顾过去一年的收入情况，你可能会发现这些不同类型的收入——也许是你圣诞节时收到的工作单位的奖金，或者生日时收到的现金礼物。

因此，不要觉得收入就是你的固定工资和薪水，而要从更广泛的角度来看待它。你的收入是指你一年中获得的全部金钱。

我发现这个定义更为实用，因为它赋予了我们更多掌控和自由支配收入的权利。你很难掌控薪资水平，因为学习新技能、积累经验以及升职都需要花费时间。然而，除了你的日常工作，你还有其他方式可以增加收入，而且比你想象的更容易。举个例子：

你家里可能至少有价值 2 000 美元的闲置物品，这就是那些在生活中日积月累下来的杂物，有可能是没人坐的家具、抽屉里积灰的电子产品，也许是，老实说，我们从来没用过的健身器材。

如果你突然收到一张需要立即支付的 2 000 美元账单，你可能会发现，这笔钱其实就藏在家中的各个角落，以物品的形式存在着。一些人甚至还在需要支付月租金的储物箱里囤着东西，或者在自己或父母的车库里堆放着杂物。

你可以浏览在线交易平台，搜索类似物品的出售信息。如果你有需要，你完全有理由卖掉这些杂物。毕竟，你完全可以先把现在的组合沙发卖掉，等财务状况改善后再买一个更好的。这些都不是无价的传家宝，而是日积月累下来的杂物。

几年前，我决定清理家里的杂物。如果我看到某样东西，没有发出"哇"的惊叹，那它就会被我清理出门。

如前所述，我们现在秉持的理念是，考虑我们的孩子是否想要这些东西，而不是我们是否想要。

因此，如果我指导某人做财务计划，杂物会是我首先关注的一点。通过清空储物箱、卖掉所有能卖的东西以及不再租用储物箱，一个人就能立即实现收支上的正向增长。这不仅能降低他们的支出，还能给他们带来一笔小额收入，用于偿还信用卡债务或进行投资。

事实上，我们拥有的往往比实际需要的多。而且，几乎所有被我们放弃的东西，都可以在财务状况改善后重新买回来。这适用于你家里的大多数物品，除了那些具有不可替代的情感价值的东西。

关键是，开始将收入视为所有流入的钱，而不仅仅是工资，这会给你自由，并让你有机会思考如何增加收入。

计算收入

要计算你的收支情况，你需要了解自己的总收入。

要得出这个数值，我建议你估算自己的预期月收入。这里指的是你的净收入而非毛收入，换句话说，就是你税后所得的收入。也就是说，如果你的工作是长期雇佣制的，工资单上的余数就是你的实际收入。当然，其他来源的收入也会被纳入计算，所以整个流程如下所述。

1. 查看你的工资单

获取你税后所得的金额。如果你的工资不稳定，或者你是个体经营者或企业主，那计算起来可能比较困难。在这种情况下，我建议以收入较低的一个月的数值为准。这样，当收入超过这个数值时，你就会感觉像是拿到了奖金。记住，此处计算的是税后的收入。

2. 加上你的副业收入

有些人会同时做多份工作，或者打零工，比如开车接送人、代买杂货，或者在晚上做自由职业。一定要把这些预期每月能获得的副业收入加进去。同样，这里要计算的是税后的收入。

3. 加上证券与资产出售收入

并非每个人都炒股或投资房地产，但如果你有这样的投资，就应该计入总收入，这可能包括日交易收益、租金收入或出售土地所得。

4. 出售杂物

别忘了，你家里的杂物也是资产的一部分。你可以决定每个月出售价值 200～500 美元的杂物，并将其算作你收入的一部分。

5. 加上股息、养老金、社保等收入

有些人会从信托中获得定期的股息分红，或者在工作中获得养老金，还有社保金、保险赔付等。别忘了将这些也计入你的总收入。

6. 预估杂项收入

这包括现金礼物和奖金。在计算完成后，回顾一下过去几个月的银行账户交易记录，看看是否有不属于上述类别的收入进账，这样做大有用处，你可以利用这些信息来预估平均每月从这些渠道能获得多少收入。

按照上述步骤操作后，你将能够清晰地了解自己平均每月能有多少收入。请注意，这里计算的是来自所有渠道的收入，而不仅仅是你的固定工资。这样，你就有能力在需要时增加收入。

那些咨询我的人通常对自己的财务状况有大致的了解。他们可能债台高筑、开销无度，或者觉得自己的净资产正在减少。我推荐的首要策略便是偿还债务，以改善收支状况。为此，他们或许需要暂时提升收入、减少月度开销，或者双

管齐下。

收入越高，你便能越快地实现净资产的正增长。除了减少开支，提高收入也是迈向财务健康至关重要的一步。在第十一章中，在我们回顾完衡量财务状况所需的数值后，会为大家提供更多增加收入的详细途径。

有意识、有目的地规划收入

收入是财务拼图中的重要组成部分，是个人财务状况的基础。因此，我们首先从它入手。接下来，我们将学习如何计算支出，如何用收入减去支出，以及如何增加收支盈余或减少赤字。这样一来，你便能掌握评估个人财务状况所需的三大关键要素之一，并能获得更多在短期及长期内改善财务状况的见解。

这里的关键在于，你需要更有意识、有目的地规划你的收入。正如我多次强调的，每个人的金钱脚本、人格、习惯、态度和价值观都有所不同。这些因素共同塑造了你对收入的看法。来找我咨询的人，往往对金钱有两种截然不同的看法：一种人总是担心收入不够花，觉得所有的钱都会用于支付账单和偿还债务；还有一种人则是觉得钱多得花不完，一到发工资的时候，就一门心思想着如何花钱享乐，完全不考虑支出情况。

不妨将收入视为一种工具，仅此而已。它就像一根你可以操控的杠杆，与其他杠杆协同作用，用以提升你的净资产。我发现这种比喻有助于消除一些负面情绪和忧虑。

此外，当你更有意识地规划自己的收入时，会发掘出更多机遇。许多与我共事的人，觉得在收入上难以有所突破，这是因为他们的收入固定，思维僵化。他们只盯着每个月10号和25号发的工资，无法看到工资之外的新机遇。通过有意识、有目的地规划收入，他们开始意识到可以通过多种方式增加收入，从而掌控自己的财务未来。当他们更加有意识、有目的地规划收入时，焦虑感就会消失，他们会对自己当前的习惯感到满意，并确信自己正在朝着正确的方向前进。同样地，在你继续这段旅程的过程中，也会遇到类似的情况。

> **本章小结**
>
> 你的收入并不局限于工资。收入指的是通过各种途径获得的金钱，这包括奖金、礼物、股息、养老金、资产出售所得、兼职收入等。接下来，你需要将自己的收入与支出进行对比计算，以衡量收支情况。这个数字将帮助你判断自己是存在需要处理的财务赤字，还是拥有可以用来增加净资产的盈余。当你开始有意识地关注收入时，你会发现更多的增收机会，并能够自主决定如何增加收入。

核心要点

- 收入只是财务拼图中的一部分，收入并不等同于财富。

- 收入包括所有的进账，除了工资和薪水之外，还存在很多增加收入的方式。

- 要更加有意识、有目的地规划自己的收入，并将其视为提升个人净资产的有力工具。积极寻找机会来增加你的收入。

| 第五章 |

你 的 支 出

　　支出是计算收入与支出差额公式的后半部分。要确定你是处于盈余状态（收入超过支出），还是赤字状态（支出超过收入），只需用收入减去支出。为此，你必须学会如何计算支出。

　　很高兴能和你分享这些内容。对于众多追求更健康的财务状况的人来说，这正是理论付诸实践的时刻。当他们依据实际数据，计算出衡量财务状况所需的一个数值时，我至今所教授的内容开始有了实际意义。在本章中，我们将深入探讨支出，它将决定你每月是处于赤字状态还是盈余状态。通过这一部分的学习，你的财务状况将会更加清晰。

　　本章还会探讨必需支出与非必需支出、固定支出与可变支出、各项支出对达成目标的意义及情绪化消费等话题。这些因素都至关重要，在制订个人财务计划时都必须予以考虑。如果你制订了一个减少开支的计划，但它会让你所有的愿望都实现不了，那么你将失去很多生活的乐趣。这种不健康的做法可能会导致情绪化消费，最终适得其反。

支出往往比收入更难计算。收入可能来自多种途径，正如前一章所述，但你的支出往往更为复杂。每当你的账户中有资金流出，无论出于何种原因，这都算作一项支出。可想而知，你在一年中可能会产生数百种不同种类的支出。因此，本章将呈现更多的图表，而你则需要投入更多精力来记录和分析你的平均月支出情况。

别担心，你可以跟随书中的步骤计算出你的每月总支出。随后，你需要将这些支出按照之前提到的必需支出与非必需支出、固定支出与可变支出、支出对你的重要性以及消费时的情绪反应进行分类。这样，如果你处于盈余状态（即收入超过支出），你就能更轻松地识别出哪些支出可以减少，或者在哪些方面可以制定更合理的消费策略。

有些支出很容易计算和记录，这包括固定支出，如房贷、车贷或助学贷款还款等，这些支出每个月都是固定的。而你的可变支出，或称弹性支出，即那些每个月都会变化的支出，如食物、水电费、衣物等，则会更难记录。为了简化这个过程并节省时间，你可以创建一个月度支出记录表。

你一定能行！我深知，如果记录这些支出耗时过多，你或许就会放弃。因此，在设计这份支出记录表时，我特意考虑了这一点。细致地记录支出能帮助你清晰掌握金钱流向，仔细分析你的消费情况，找出不良消费习惯，并揪出预算中的"隐形漏洞"，这里的"隐形漏洞"，指的是那些你在不经意间流失的金钱。了解金钱流向是掌握个人财务状况的关键一环。如果不了解这一点，你将无法准确地向前迈进。

你在分析支出时可能会发现一些想要立刻减少的支出。记住，我并不是要求你在接下来的五年里每天都喝自来水、吃廉价面条。相反，你需要确定自己愿意做出哪些权衡取舍，以及愿意承担哪些机会成本。这是分析支出时需要把握的两个重要概念。

权衡取舍与机会成本

你无法拥有一切。许多人之所以会负债累累，往往是因为他们购买了超出自己经济能力的物品，或者干脆想买什么就买什么。为了更有意识、有目的地管理自己的支出，你需要学会权衡取舍，并考虑机会成本。

权衡取舍意味着为了获取某样东西，你可能需要放弃另一样东西。仔细想想，每一笔交易都是一种权衡。举个例子，如果你选择外出就餐，花掉了 10 美元，这其实就是一种权衡。因为你本可以用这 10 美元去购买其他物品，或者在家做饭。而现在你选择了外出就餐，这 10 美元就无法再用于其他任何用途了。

机会成本是指你在选择一个方案而放弃另一个方案时所失去的潜在收益。这可以理解为未选择方案的经济价值。例如，假设你有 100 万美元用于投资。你选择将其投资于一条产品线，该产品线带来了 5% 的回报。如果你将这笔钱用于另一项能产生 7% 的回报的投资，那么这两个方案之间就存在 2% 的回报率差额，这就是你做出这一决策所放弃的机会成本。

这两个概念解释了为什么减少开支和提高收入并不总是那么简单。当你考虑自己的开支时，要思考你正在做出的权衡取舍、你能够做出的权衡取舍，以及你不得不做出的决定背后的机会成本。

如何记录开支

详细记录开支能帮助你清楚地了解金钱的流向，仔细分析你的消费情况，并找出不良的消费习惯。每月结束后审视一遍开支，有助于你仔细分析消费情况，评估每项支出是否有必要。

确定收入与支出的差额

如果你到目前为止一直按照流程操作，那么确定收入与支出的差额就变得非常简单。只需将上一章中计算出的平均月收入减去刚刚确定的平均月支出。这样，你将得到一个差额，它能清晰地反映出你是处于盈余状态还是赤字状态。

如果差额为正数，恭喜你，说明你每月都有盈余；如果差额为负数，则说明你每月都存在赤字。许多学生在完成这项练习之前，都不清楚自己每月的实际收入或支出是多少。他们通过计算发现自己存在赤字，或者至少接近赤字。

无论你的差额是正还是负，你都需要做出一些财务决策，包括如何弥补赤字以及如何利用盈余。以下是一些宏观策略供你使用。第十章和第十一章将分别深入探讨如何调整支出以及如何增加收入。

制定策略填补赤字

如果你面临赤字，不必惊慌。既然你已经有所察觉，接下来就该决定如何应对。此时，你可以从被动应对转变为积极主动地应对。

阅读前两章的内容时，你可能一直有种不安的感觉。你隐约察觉到自己的支出超过了收入，因为你一直在刷信用卡，却没有记录这些支出。似乎无论你赚多少钱，都所剩无几。或者一旦手头有多余的钱，你就会花掉。

如果你确实存在赤字，即支出超过了收入，那么你有两个选择。

（1）增加收入。

（2）减少支出。

这听起来简单，实践起来却并不容易。你需要减少支出或增加收入，或者双管齐下。幸运的是，你完全有能力也有自由去做出这些改变。

首先，分析你的消费习惯。找出预算中的"漏洞"。看看你的支出记录表，判断哪些是不重要的开支。这个月有没有可以减少的非必需支出？从那些既不重要又不涉及情感因素的弹性支出（而非固定支出）开始着手，这些支出最容易减少或取消。它们通常包括你不再需要的订阅服务、对实现目标无益的奢侈品以及花在某些爱好上的开销。

你还可以寻找更实惠的替代方案来满足需求。或许你可以将目前花在食物或交通上的费用减半，这并不影响你维持基本生活。这通常意味着减少外出就餐的次数、节省汽油，或者暂时改乘公共交通。

此外，你可以设法增加收入。在上一章中，我们探讨了快速增加收入的途径。这可能包括加班、做兼职、打两份工，以及出售不需要的物品。

对于每项支出，你都要记录当前的支出金额、已减少的
金额、调整后的支出金额以及针对该类别减少支出的策略。
在 Anchord.money 网站上，你可以免费获取《减少支出的必
胜秘籍》（*Surefire Approach to Slash Your Spending*），其中包
含了减少支出的上千条技巧。

再次强调，你将在第十章和第十一章中找到更多详细的
策略。

规划盈余

如果你的收入高于支出，那么恭喜你！

不过，你仍然需要规划盈余。你在资源管理上表现出色，
现在，是时候合理支配这笔资金，助力你朝目标迈进了。否
则，你的盈余就会因盲目消费和预算漏洞而消耗殆尽。

审视一下生活中的八大领域，看看你想改善哪些领域，
了解金钱与这些领域间的联系。确保你每项支出的重要性排
序与之相关。这将有助于你设定长期、中期和短期目标，并
据此合理使用你的盈余资金。注意：如果你有信用卡债务，
那么你不应将这笔资金视为盈余，而应该将它优先用于偿还
债务。每个财务规划策略都必须包括偿还信用卡债务。因利
息累积，信用卡债务会持续消耗你的资金。因此，从长远看，
还清信用卡欠款将增加你的盈余和净资产。

在某一个学期，我们班的学生们正在分析支出，平衡预

算。我当时正在指导一位财务图景相当不错的学生，她的月收入高于支出。为此我表扬了她，但她回应道："我有信用卡债务，但我没在还，所以就没把它算进去。"我询问是不是她的父母或其他人在负责偿还这笔债务，她回答："不是，我就是不还。"我跟她进行了一番交谈，告诉她必须还清那笔债，因为债务迟早会找上门来，给她带来麻烦。那时候，我比她本人还要担心她的债务问题。

我们可以列出以下策略：偿还信用卡债务，建立或增加应急基金，增加退休账户储蓄，为短期、中期、长期目标储备资金，提前偿还住房贷款或其他贷款，以及为度假、婚礼存钱，等等。

这当然不是一份详尽无遗的清单，但它可以为你指明一条正确的道路。善用你的盈余将为你的财务图景带来持久的益处！

虽然我会在第十章详细解释，但这里有几个问题，能帮你更有意识地规划支出。

- 这笔消费将如何改善我的生活（或如何改善了我的生活）？
- 这笔消费在十年后还会有意义吗？
- 这笔消费符合我的金钱价值观吗？
- 这笔消费会让我感到安心，还是会让我心生愧疚呢？

- 这笔消费是让我更接近财务目标，还是只是出于一时的冲动呢？

这些问题的答案将为你提供必要的视角，以便做出与你的策略相符的决定。理想情况下，你应该持续记录全年的支出。这样你就能保留下每月、每季度甚至每年的所有消费记录了。你越是坚持，越会觉得简单。到后面，你的记录就不需要那么细致了。

这就如同一次体检

现在你已经获得了个人财务拼图的一块碎片，它是你的财务状况的重要组成部分。随着时间的推移，你的财务状态将从赤字慢慢转为盈余，或者从较小的盈余转为更大的盈余，最终改善你的财务前景。无论你从这项练习中获得了什么信息，现在你都了解了真相，获得了采取行动、推动财务增长的能力。

这就像一次体检。完成这次财务健康检查，如果发现有盈余，那就好比去看医生，然后得知自己身体健康、一切正常。接下来，你想要保持这种健康状态，并进一步改善身体状况。这意味着你需要有意识地审视自己做得对的方面，以及可以改进的方面。

如果数值显示你的财务状况不佳，那就如同医生指出了你需要关注身体的哪几个方面。接着，医生会给你一些建议，教你如何积极且有针对性地去改善这些指标。同样地，当你的财务出现赤字时，你需要有意识地增加收入、减少支出。

我建议你每个月都重复这个流程，至少坚持一年。时间久了，你会逐渐得心应手，同时你也能看到自己的进步。我的学生们坚持不懈地遵循这一流程，很多人在数月之内就能实现从赤字到盈余的转变。这样一来，他们便有能力偿还债务，也能逐渐增加自己的净资产。

本章小结

本章为你提供了一套记录支出的系统，以便计算出每月的总支出。你可以根据支出的类型、金额、必需支出与非必需支出、固定支出与可变支出、支出对你的重要性及消费时的情绪反应来记录它们。这样，你就可以对比支出与收入，判断自己的财务是处于盈余状态还是赤字状态。

我们已经探讨了如何处理支出记录表上各项支出所产生的盈余或赤字。这样，你就能够清晰地了解自己的收支状况，并掌握一些短期和长期的调整策略。有了这些信息，我们的财务状况会变得更清晰。接下来，我们将继续探讨资产与债务的问题。

核心要点

- 要想制订一个能长久坚持的财务计划，记录支出至关重要。

- 在支出时权衡取舍并考虑机会成本，是有意识、有目的地消费的关键。

- 制定策略，充分规划盈余、填补赤字。

- 为了更有意识、有目的地消费，每次消费时都要问问自己：这笔消费将如何改善我的生活？这笔消费在十年后还会有意义吗？这笔消费符合我的金钱价值观吗？这笔消费会让我感到安心吗？这笔消费会让我更接近财务目标吗？

第六章

你 的 资 产

本章介绍了资产与债务差额公式的前半部分——资产。

整理亲人的遗物是一个沉重的时刻,同时也让人不知所措。家中有人离世,留下了一大堆东西,整理起来非常费劲。在分拣这些物品时,我们很自然地将它们分为了几类:

- 其中一些是具有情感价值的物品,我们决定保留下来,代代相传。
- 有一些物品从金钱角度来看还算值钱,但并无情感价值,比如收藏品、家具和一些电子产品。我们把它们单独放起来,以便将来出售或赠送。
- 剩下的大多数物品既没有情感价值,也不值钱。对于这些,我们不得不一次次地跑二手店,而那些二手店不收的,就只能送到当地的垃圾场了。

我为什么要分享这些呢？因为这有助于我们更全面地看待资产这个概念。"资产"这个词有着各种各样的定义。在我看来，资产就是我们名下具有价值的物品。坦白说，我们拥有的很多东西是没有价值的，这时我们就需要留心了。把所有东西的价值都加起来，算算你的**资产和债务的差额**。

除了收入和支出，你的资产和债务也是衡量财务状况的重要部分。它能让你清楚自己现在的处境，从而决定接下来的路怎么走。将这两项数据结合起来，就能反映出你的**净资产增减趋势**——到底是越来越多，还是越来越少，一目了然。不管你具体的财务目标是什么，我还没见过谁希望自己的净资产越来越少呢！

什么是资产

让我们从"具有价值的物品"这一定义出发进行讨论。资产可以是你拥有所有权证明或**契据**的实体财产，比如房子、汽车、收藏品等。其实，一说"资产"，大家首先想到的就是这些。虽然这些不是全部，但这些资产的确至关重要。

例如，拥有一套房子，特别是地段好的房子，那就是一项资产。因为房产往往会随着时间升值。因此，你买房的时候，哪怕是用贷款，也会推动净资产增长。

不过，你也可以从更细微的角度来审视自己的资产。家里到处都是各种物品，其中有些具有金钱价值。实际上，你所拥有的每一样东西都是一种资产，尽管它的价值可能为零或接近于零。从抽屉里的衣服到抽屉本身，都可以计入你的总资产。

资产还可以是价值的抽象体现。例如，你银行账户里的存款就代表着一种价值。你持有的任何股票或债券也都是资产。手头有现金，股市里还有投资，那你拥有的货币价值总额就会增加。我知道我在这里用的是比较专业的术语，但精准地理解这些概念非常重要。理解之后，我们就可以用更通俗易懂的方式进行阐述，并确保自己的表述清晰准确。

以下是简化后的定义：总资产指的是你卖掉所有东西后能得到的钱数。假如你卖掉所有物品和证券，最后能拿到多少钱？这些钱就是你的总资产。

资产类别

我倾向于将资产划分为三大类，因为这样一来，我们便能一目了然地看出它们如何助力我们实现财务目标。归根结底，还是要看它们随时间推移所蕴含的价值。

1. 增值资产

正如我刚才提到的，增值资产意味着其价值随时间推移而增加。地段好的房子就是个典型的例子。不过，这也可能包括稀有收藏品，如棒球卡或人偶、经典汽车和债券。如果你的增值资产多于贬值资产，你的净资产就会增加（只要你的收入超过支出，即有盈余）。

2. 贬值资产

这与增值资产相反。贬值资产历经的时间越久越不值钱。新车就是个典型的例子，从你把它从经销商那里开走的那一刻起，它就开始贬值了。其实，从电子产品到家具，再到业余爱好相关设备，你的大多数资产都会随着时间流逝而贬值。这点可要牢记在心，因为你要是买了些"贬值资产"，你的净资产可能会在不知不觉中减少。

3. 消耗性资产

很少有人考虑消耗性资产。这些资产在购买后不久就完全失去了价值，比如你车里的汽油、食品储藏柜里的食物，甚至是你涂抹房屋外墙的油漆。这些都与你的直接开支密切相关，但值得注意的是，从购买到使用的这段时间里，它们确实具有价值。它们与医生的账单或健身房会员费不同，后者不能算作资产，因为后者的价值无法变现。

计算你的总资产

要确定你的总资产，请查看你拥有的所有物品。例如：

- 房地产（房产和住宅）
- 证券（股票、债券、定期存单等）
- 银行存款
- 现金
- 轿车和房车
- 贵重物品
- 收藏品和古董家具

你还需要确定所有非流动资产的**公允价值**。流动性是指物品能够迅速转换为现金的速度。根据不同的资产，你可以通过多种方式来确定其公允价值。对于房屋、车辆和私人物品，你可以在房地产挂牌信息、汽车销售网站和电商交易平台上查找类似物品的标价。对于银行账户，只需登录网银或致电银行客服即可轻松查询。此外，大多数人还可以在线快速查看所持证券的价值，具体取决于他们的理财类型。对于更复杂的投资计划，可能需要向证券投资经理或财务顾问咨询。

将所有资产的价值相加，得出的总额就是你的总资产。它构成了计算净资产公式的一半。花点时间计算一下这个数值吧。

我的总资产价值为_____美元。

资产的作用

既然我们已经明确了资产的定义和种类，并且你也清楚了自己的资产价值，那么让我们退一步思考。我们为什么要拥有资产？资产在有意识、有目的的财务管理中扮演着怎样的角色？

除了作为资产与债务差额公式（从而反映你的财务状况）的一部分之外，资产的目的是为你服务。你拥有的每一项资产都有其用途，即使只是帮你从 A 点到达 B 点。然而，一个有意识、有目的的人，会用资产来规划自己的财务前景。如果我们能善用资产的增值潜力和复利效应，那我们的净资产将大大提升。

复利与增值

如果你之前了解过投资，可能听说过"翻倍的美分"这个类比。这是一个经典的问题：你是想要立马获得 200 万美元呢，还是想要一枚连续 30 天每天都价值翻倍的 1 美分呢？如果你不知道最佳答案，可能会选择 200 万美元。毕竟，1 美分在接下来的 30 天里再怎么翻倍，看起来也不太可能超过 200 万美元。但是，你要是去算算这笔账，那结果可就太让人惊叹了（见表 6-1）。

表 6-1 1美分每日增长情况

天数	总额 / 美元	天数	总额 / 美元
第 1 天	0.01	第 16 天	327.68
第 2 天	0.02	第 17 天	655.36
第 3 天	0.04	第 18 天	1 310.72
第 4 天	0.08	第 19 天	2 621.44
第 5 天	0.16	第 20 天	5 242.88
第 6 天	0.32	第 21 天	10 485.76
第 7 天	0.64	第 22 天	20 971.52
第 8 天	1.28	第 23 天	41 943.04
第 9 天	2.56	第 24 天	83 886.08
第 10 天	5.12	第 25 天	167 772.16
第 11 天	10.24	第 26 天	335 544.32
第 12 天	20.48	第 27 天	671 088.64
第 13 天	40.96	第 28 天	1 342 177.28
第 14 天	81.92	第 29 天	2 684 354.56
第 15 天	163.84	第 30 天	5 368 709.12

没错，到第 30 天，1 美分的价值会远远超过 200 万美元。这就是复利的例子。

复利效应十分强大，不仅作用于某些资产，同时也作用于大多数债务。信用卡债务会产生复利，加重你的负担。此外，随着时间的推移，美元本身会逐渐贬值。因此，如果你投资的美元没有实现某种形式的增值，那么通货膨胀也会对你的资产造成不利影响。

善用资产，意味着让它在使用期间增值，房子就是个例子。资产的理想运用方式之一，就是让它为你创造复利收益，就如同许多退休储蓄计划那样。但要是投资不当或债台高筑，贬值和复利反而会加重你的负担。关于这部分内容，第八章会有更深入的探讨。目前，你需要明白的是，资产会对你的财务状况产生巨大影响，尤其是随着时间年复一年、十年复十年地流逝，这种影响会越发显著。越早开始获得复利，最终的回报就越丰厚。

根据你的短期目标和长期目标，你可能会决定利用你的资产来增加收入或提高净资产。例如，你可以出售一些资产来偿还高息债务，然后存钱投资房产。

利用资产增加收入

利用资产增加收入通常意味着要出售某些东西。有些人会选择出售自己不需要的资产，或者那些不会随时间增值的资产，以此来减轻债务。你可以卖掉新车，换一辆仍能满足需求的旧车，然后用赚的钱来还信用卡。你也可以考虑把房子换成小户型，毕竟很多人发现自己为了那些实际根本不住的房间和空间，多付了不少租金或房贷。事实上，我认识很多人，他们的房子里有些房间仅仅用来储物！这又回到了我之前提到的物品过多的问题。那么，如果他们卖掉这些物品，然后换一个更小的房子呢？这样，他们不仅能通过出售物品获得一笔收入，还能减少每月的住房支出。

记住，如果你的收入小于支出，那么利用资产增加收入并不是一个明智的策略。这就像是在往一个无底洞里扔钱，因为不管你卖掉多少资产，换来的额外收入都会被你的每月开销吞噬掉。

利用资产增加净资产

一个让很多人受益的长期战略是，明智地投资于那些能随时间增值并产生复利的资产。到现在为止，你应该已经考虑过自己希望在十年、二十年或三十年后达到怎样的财务目标了。对大多数人而言，这个目标就是拥有比现在更丰厚的净资产。要实现这个目标，你可以考虑投资房地产，通过出售或出租房产来获利。不过，要提醒你的是，房地产可不是个能轻易涉足的领域，你得先进行充分的研究并积累大量的经验才行。你还可以考虑投资那些能稳定增值且具有复利效应的退休储蓄账户。

再次强调，如果你的净资产在减少，高收入也无济于事。如果支出和债务增长的速度快于资产增长的速度，那么净资产就会减少。

最终，你不得不卖掉所有多余的资产来偿还债务（想想就让人害怕）。因此，一个明智的方法是提高收入与支出的差额，然后利用这笔多出来的钱偿还债务，以提高资产与债务的差额，然后再将盈余投资于增值资产。

有意识、有目的的资产管理

在资产和整体财务方面，每个人都有不同的目标。关键是要有意识、有目的地朝着你的目标前进。你可以借助资产实现这一目标。说真的，我真心建议你好好思考，你的每一项资产是如何帮助你靠近目标的。如果它帮不上忙，那就考虑出售或丢弃它。

在整理完家人的遗物后，我下定决心要做一些与众不同的事情。无论是否有意，他们都给我们留下了大量的资产，其中不少都毫无价值。我可不想走他们的老路，这让我开始以不同的方式看待自己的资产和物品。对于我的每一件物品，我都问自己以下问题：

- 我想要它吗？
- 如果我去世了，我的孩子会想要它吗？

只要有一个问题的答案是"不想"，那么就应该出售或丢弃这件物品。

此外，就目标而言，我还会补充一个问题：

- 该资产如何助力我实现财务目标？

每一项资产都应该助力你朝目标迈进，而非阻碍你或让你误入歧途。有些人，明明有些房间根本用不上，却还要为它们掏租金、还房贷；或是还在为那张难得坐一回的沙发分期付款。还有些人，衣柜里塞得满满当当，全是攒着准备"将来某天"穿的衣服，可真到了那天，说不定款式早已过时了！

最后，无论是现在还是将来，过上美好的生活，想必也是你的目标之一。我可不是要求你成为极简主义者，把不常用的东西全都卖掉。不过，我要说的是，你要仔细考虑一下：如果某样资产不能给你带来乐趣，也无法提升你的净资产，那么也许是时候考虑出售或舍弃它了。我并不是在告诉你具体该怎么做，而是鼓励你以一种理性的方式来管理资产。

通过减少你的资产并利用它来助力你实现短期和长期目标，你将获得众多机会，让你朝着良好的财务前景迈进。此外，我们还掌握了衡量财务状况的第二个公式的前半部分。接下来，我们需要计算债务总额，这将帮助你了解收入与支出以及净资产的情况。

本章小结

你的资产构成了你需要计算的第二个公式（资产与债务的差额）的前半部分，这个公式能直观地反映出你的净资产状况。当你把这个数值与你的收支情况相结合，就能清晰地看出你的净资产是随时间递增还是递减。

资产的形式多种多样。我根据资产的增值性、贬值性以及消耗性对它们进行了分类。在买卖资产时，你需要明确这些资产能为你的八大生活领域以及整体财务目标带来何种益处。这样，你就能有意识、有目的地管理你的资产了。

核心要点

- 资产类型包括增值资产、贬值资产以及消耗性资产。要计算你的总资产，需要将你拥有的所有物品的总价值相加。

- 复利的力量不容小觑，它能在储蓄和投资方面为你带来好处，而在债务方面则可能对你产生不利影响。你越年轻，通过储蓄和投资获得的复利收益就越丰厚。

- 善于利用资产来增加你的收入和净资产。

第七章

你 的 债 务

曾有一名学生心急如焚地告诉我，他在暑假期间从信用卡中透支了 2 000 美元，而他的父母却对此毫不知情。我看到他的眼中充满恐惧，他的表情仿佛在说："哎呀，我真的完蛋了！"首先，我安慰他这个问题是可以解决的，而且我很欣赏他能主动面对这一切。紧接着，我们一起制订了一项六个月的还款计划，他信心满满地表示自己能够顺利完成。我告诉他，等债务还清了，我希望他能向父母坦白所发生的一切，包括他是如何欠债的，以及如何解决并摆脱困境的。他笑着答应了。在金钱问题上，我们往往要经历这样的状况才能学到东西。这次经历对这位年轻人来说是一个绝佳的学习机会。父母可能早就对他唠叨过信用卡债务的危害（说不定已经口干舌燥了），但只有亲身经历过，他才能真正吸取教训。

在本章中，我们将探讨资产与债务关系的后半部分——债务。一旦债务数额得以明确，就能进一步计算出债务收入比。

债务（Debt），这个令人谈虎色变的词，往往能让人的财务状况陷入混乱。"债务"的名声确实不太好，但我希望读完本章内容，你能够消除对债务的恐惧心理，并学会必要的理性思考，以便在债务问题上做出明智的决策。同时，你还将掌握一些小妙招，有助于你偿还当前债务。

医疗债务是导致破产的罪魁祸首之一。这里有一个真实的故事：一位青年在急诊室求医，当被问及是否有保险时，他回答："有，医保费用每月会从工资里扣除。"这位青年当时25岁，而令他震惊的是，他并不符合受保条件。

对许多家庭来说，即使我们从理论上讲是可以接受的，一些计划外的小额医疗开销也几乎无法避免。对于那些有长期医疗需求的人，比如癌症患者和癌后幸存者，这些费用将导致他们背负更高的债务。这都说明了理解和管理债务的重要性。

当你汇总所有资产的总价值，并从这一总额中减去负债金额后，会得出一个具体数值。这一数值可能为正，也可能为负。此外，这一数值会随着债务利息的累积、债务的偿还以及个人资产的增值或贬值而不断变化。

债务让我们能够计算出DTI，这是评估个人财务状况的另一个重要因素。计算 DTI 无须额外数据，它仅涉及每月债务还款额与税前月总收入的比率，以百分比的形式表示。理想的 DTI 应保持在 36% 或更低，且其中用于偿还房贷或租金的部分不应超过 28%。例如，若某人的债务为每月 2 000 美元，税前月总收入为 6 000 美元，则其 DTI 为 33%。

许多年轻人在职业生涯初期可能面临负净资产的情况。例如，新婚夫妇购置房产时，往往会背负高额债务，导致其债务总额超过当前的资产价值。同样，有助学贷款和汽车贷款的人也可能处于负净资产状态。

另一些人可能拥有正净资产，并琢磨着如何不断积累这个数额。他们或许在纠结是应该千方百计地避免债务，还是应该为了长远的利益而承担债务。这两种情况都将在本章中进行探讨。

但首先，让我们来谈一个由来已久的争论。

"好"债务 vs. "坏"债务

人们对债务的看法各不相同。你的原生家庭和信仰可能会极大地影响你对债务的态度。

此外，人们对债务的态度往往是天性使然，而这种态度又会随着生活经历而逐步改变。有些人很难承担任何债务，并竭尽全力地避免背负债务；有些人则对债务毫不在意，不会因房贷、车贷、助学贷款和信用卡债务而倍感压力；还有一些人则介于这两种态度之间。此外，当面临特定情况，比如购房时，人们发现除了大额房贷外几乎别无选择，就可能会接受原本试图避免的债务。

那么，这些债务是"好"的还是"坏"的呢？

让我们来深入剖析一下这个问题。首先，我这里提到的"好"和"坏"是什么意思？我这么说，其实是在做一种概括性的描述。我教授的是理财知识，而不是伦理学或哲学。当我说"好"或"坏"时，主要是指债务如何影响你的财务状况，以及这种影响是否符合你的财务目标。债务有时有助于你实现目标，而有时则恰恰相反。因此，如果你在本书中看到"好"或"坏"这样的字眼，请不要认为我在进行评判或说教。在这里，我扮演着一个中立的角色，只是为你提供一个简单的计划来帮助你实现愿景，而这个计划也会融合你自己对"好"与"坏"的理解。

债务有时难以避免，有时能帮助你实现目标。但请注意，这并不是鼓励你随意使用信用卡透支大量资金。那么你可能会问，何时才是欠债的好时机呢？买房就是个绝佳的例子！

大多数人无法全款购房。因此，他们选择按揭贷款，并承诺在接下来的十五年、二十年或三十年里，每月偿还固定金额。贷款利率分为两种：固定利率和浮动利率。固定利率是指在整个贷款期限内利率保持不变，而浮动利率则会定期

对利率进行重新评估，导致还款金额有所波动。最佳方案是
选择利率最低的贷款，并在最短的时间内还清。

　　如果房贷会产生这么多利息，让人背负巨额债务，为什
么还要买房呢？因为如果你的财务状况良好，能按时偿还房
贷，那么你就可以拥有一套随着时间增值的房子，还能住得
舒舒服服。付清房贷后，你的支出会大大减少，而你的房子
则可能比当初贷款时更值钱。如果选择租房，那你一辈子都
要交房租，不过这也没什么不好。有些人不想操心购房和后
续的房屋维护事宜，这样的话，租房也是个不错的选择。

　　再来说说另一个"好"债务的例子——助学贷款。要知
道，这些贷款的用处可不是提高你的生活水平，而是支付你
的学费和生活费用。有一个大学二年级的学生曾跟我聊过：
他想从四年制大学退学，转去职业学校。他目前一直靠助学
贷款来交学费。当我告诉他，即使没有拿到学位就离开学校，
他也仍然有义务偿还所借的全部贷款时，他大吃一惊。当然，
即使辍学也是如此，贷款的偿还与是否获得学位无关。

　　人们上大学的原因多种多样，但归根结底还是为了就业。
如果一个学生在大学期间表现优异，毕业后凭借所学专业获
得了一份不错的工作，那么助学贷款就是一笔值得的投资。
这笔投资能够显著地提高整个职业生涯的收入水平，从而让
他能更快地还清债务。关于助学贷款债务过度累积的问题，
我要给你提个醒：务必投资那些回报率高的专业，换句话说，

就是选择那些就业前景好、薪资高的专业，这样才能确保你的教育投资物有所值。

然而，有些债务几乎无益于任何人。高息信用卡若用于购买非必需品，便是典型的"坏"债务。如果你用高息贷款购买将会迅速贬值的东西，比如买一辆新车或者一艘新船，或者贷款度假并很快挥霍一空，那么这些债务可能对你实现财务目标毫无帮助。在这些情况下，不妨考虑其他替代方案满足你的需求，比如买辆便宜点的汽车或搭乘公共交通工具，或者想清楚自己是否真的需要那个物品。例如，你可以等到信用卡还清，并且存够了度假基金后再去度假。你也可以推迟度假、"宅家度假"或探索更便宜的休闲方式，等到你的净资产转正并稳步增长再行动也不迟。

那么，债务到底是"好"还是"坏"呢？简单来说：这个问题并不简单，你不能将所有债务笼统地标上"好"或"坏"的标签。债务对你到底是形成助力，还是拖你后腿，主要看你关注的八个生活领域以及你的总体财务目标。与其一概而论，不如分析不同种类的信贷，弄清楚哪些会对你有帮助。

我应该使用信贷吗

以下是一个简要指南，帮助你决定是否使用信用卡。在决定使用信贷之前，你需要了解几个关键事项。

1. 了解征信报告

贷款和信用卡消费会影响你的信用记录。征信机构会把你的信用记录整理成一份征信报告。这份征信报告包括你的账单支付历史、公共记录信息、信用申请、剩余额度、已用额度、付款及时性及债务催收报告等。所有信息共同构成你的信用评分，贷方以此作为参考，决定是否贷款给你，并确定贷款金额及贷款利息等。

征信报告为什么很重要呢？

除了贷款，征信报告中的信息还会影响你生活中的诸多事务。比如，不良的信用记录可能让你在以下几个方面受阻。

- 就业
- 获得工作所需（比如参加军职时）的各类安全调查⊖
- 购房
- 获得保险
- 支付更低的水电押金和享受更优惠的手机套餐
- 办信用卡

如你所见，不良的信用记录会给你的日常生活平添许多不便。征信报告中的不良记录可以保留长达七年，破产记录则可能会保留长达十年。因此，按时还款，建立良好的信用

⊖　各类安全调查在国内通常叫征信报告。——译者注

记录至关重要。你还需要关注征信报告的内容，因为信用评分是以报告中的信息为基础的，所以你应该至少每年查看一次报告，确保信息无误。

当你申请信贷时，贷款机构会进行 **"硬查询"**。这些查询可能会影响你的信用评分，因为大多数信用评分模型会考量你申请信贷的频率。

"软查询" 则是指在你还没有建立新信用账户时，对你信用档案的审查。它包括贷方对现有账户的检查、潜在贷方的预筛查询，以及你对自己年度征信报告的查询。这些不会对你的信用评分产生影响。

美国三大征信机构 —— 艾可菲（Equifax）、益博睿（Experian）和环联（Trans Union）——都会收集你的信息以生成各自的征信报告。因此，如果你有信贷，那么你可能会有多份征信报告。

2. 了解信用评分

信用评分源于信用报告中的各项数据。分数越高，申请贷款时的通过率就越高，也更有机会享受较低的利率。

因为各家公司采用的信息源和计算公式不尽相同，所以你的信用评分也会有所变化。此外，评分公司还可能根据不同的信贷种类，设计出多种信用评分模型。

因此，你的信用评分不止一个。银行、信用卡公司和贷方可能会使用不同的信用评分来决定是否向你提供贷款。

信用评分如何计算？

评分公司运用各种数学公式来计算信用评分，通常从你的信用报告中的信息着手。两个最常用的方法是费埃哲（FICO）信用评分（采用费埃哲公司的评分公式计算）和万事达信用评分（Vantage Score）（采用万事达信用评分系统的公式计算）。这两家公司都有多个版本的评分系统，分数范围通常设定在 300～850 分之间。

大多数企业认为费埃哲信用评分达到 700 分以上即为良好，达到 750 分及以上则被视为优秀。计算信用评分时，会考虑五个加权变量。这意味着某些变量对评分影响更大。这些变量分别如下。

付款记录（占 35%）：追踪你是否按时支付账单。这是费埃哲信用评分中最重要的因素。迟付款、不付款以及账单被催收都会降低你的评分，而按时支付账单则可能有助于提高你的评分。

欠款金额（占 30%）：追踪你所欠的债务，包括你正在偿还的债务。同时，它也包括你的信用额度使用率，即你使用了多少可用信用额度。当你使用了一部分信用额度并因此产生欠款时，你的可用信用额度会减少，这可能会导致你的评分下降。

信用记录长度（占 15%）：追踪你拥有信用账户的时间，

时间越长，对你的评分越有利。长期的信用记录反映了你使用信贷的方式以及支付习惯。

新信用（占10%）：通过分析贷方及其他人对你的信用记录的查询情况来进行追踪。频繁的查询可能反过来表明了你近期对信贷的高度需求，而这可能是暗含风险的信号，因此你的信用评分可能会下降。但是，自己主动查询信用评分和报告不会对评分结果产生任何影响。

信用类型（占10%）：也需考虑在内。例如，如果你既有循环信贷（如信用卡）也有其他类型的信用，如分期偿还的房贷或车贷，并且都保持良好的还款记录，那么你的费埃哲信用评分可能会升高。一般来说，拥有多样化的信用组合其实是件好事，如房贷、车贷以及适量的信用卡。

3. 了解信贷的优点和缺点

信贷虽然能让你提前获得所需，但从长远角度看，它往往意味着更高的总体花费。它无疑为购物带来了便利，提供了交易记录，并能在你面对意外支出时给予支持。此外，在你购房、求学或购车时，信贷虽不是必需品，但也大有裨益。然而，若不能妥善管理债务，随着时间的推移，你将不得不支付更多的利息和费用，最终可能导致财务状况陷入危机。

4. 了解信贷的不同类型和来源

我们已讨论了房贷、车贷和助学贷款。信贷通常分为以下两种类型。

（1）**分期贷款**：这类贷款为你提供了一笔特定金额的资金，用于一次性的大额购买（如房屋或汽车），其信用额度不会超出单次购买所需，这类贷款通常设有每月还款额。

（2）**循环信贷**：如果你按时还款，其信用额度就可以反复使用。只要你的消费没有超过信用额度，你就可以继续用它来购买其他商品。信用卡是循环信贷最常见的例子。

使用循环信贷时，你无须每月全额还款。但如果你未能全额还款，你就要支付额外的**利息**或融资费用。请务必尽力全额还款，以避免利息累积。许多人因滥用循环信贷而负债累累。

5. 了解信贷与大额支出之间的关系

有些人使用信用卡并坚持全额还款，以此来维持他们的信用评分。良好的信用评分可以让你在申请房贷或车贷时获得更优惠的条件，从而降低利息或每月还款额。而有些人则完全拒绝使用信用卡，因为他们认为信用卡的利率太高，或者担心自己会抵不住诱惑而过度消费。

6. 做出决定，坚持到底

虽然几乎没人能过上那种毫无债务的日子（特别是在年轻的时候），即没有房贷、车贷和信用卡债务，但处理债务的方法却多种多样。你得依据个人目标，为自己设定一个界限。如果你事事依赖信贷，最终会导致净资产为负值且不断缩水，且负增长的势头还可能愈演愈烈。到时候，你可能会发现自己比预想中工作得更久，生活却只能勉强维持基本开销。那些梦想中的退休生活和旅行计划，可能就只能是个梦了。

计算债务

计算总债务的过程与计算总资产一样简单。请坐下来，深呼吸放松一下。许多人因为害怕得知自己真正的债务数额而不去计算它。但既然你已经下定决心面对，那么就需要清晰了解财务状况，以便规划未来的财务之路。

你的总债务可以理解为你所有欠款额之和。

资产 vs. 债务

既然你已经得出了总资产和总债务的数额，那么现在就可以计算你的资产与债务的差额了。只需用总资产减去总债务，得出的结果本质上就是你的净资产。将它与你的收支情况相结合，你便能清楚地了解当前的财务状况。

对一些人来说，相减后的数值会是正数，意味着净资产为正，这种情况是有利的。如果有必要，你现在就可以通过变卖资产来偿清所有债务，这就是财务自由的感觉。净资产为正且处于盈余状态，你的净资产会更容易增长。

然而，有些人得出的这个数值可能是负数，这意味着即使变卖所有资产，仍然会背负债务。从本质上讲，你必须更加努力地工作，赚取更多的收入。每个人的财务背景不同，感受也不一样。但请记住，从净资产为负转变为净资产为正通常是一个长期的过程，所以不要对自己太苛刻。如果你能调整资产与债务的差额以及债务收入比，那么随着时间的推移，你就能拥有正向净资产，获得财务自由，从而实现生活目标。

减少债务

接下来，我将讨论偿还债务的通用策略以及两种具体策略。还记得我们之前设定的短期、中期和长期目标吗？如果你发现自己的净资产为负，那么减少债务很可能就是你的目标之一。以下是减少债务的一些通用建议。

（1）**还款金额要超过最低还款额**。这样可以更快地减少本金，意味着你可以少付利息。

（2）**不要依赖信贷来维持生活开销**。如果你的支出需要借贷，那就意味着你的收支存在赤字。你应该努力增加收入，减少支出。

（3）**坚持按时还款**。如果你未按时还款，几乎所有贷款方都会收取额外费用。换句话说，你的债务将会因此增加。

（4）**与债权人协商**。如果你主动与债权人联系并说明情况，他们会更愿意与你合作。如果你足够主动，或许还能够协商出不同的还款计划。

（5）**谨防那些声称可以改善你的信用状况的公司**。真正能还清债务的唯一方式就是脚踏实地地还债。这些公司可能只是想让你把债务转给他们，或者向你收取服务费。

（6）**警惕诱惑利率**。有些公司起初会提供一个短期的低利率，随后却大幅上调。在决定是否申请贷款时，不妨先问问自己，假设没有这种低利率优惠，是否仍然愿意贷款。

除了这些通用建议外，你还可以采用一些具体策略来长期偿还债务，即"债务雪崩法"和"债务雪球法"。下面我们来看看这两种方法。

债务雪崩法与债务雪球法

你可以采用这两种方法来偿还债务，它们都行之有效！重要的是下定决心，坚持到底。

债务雪崩法是指按利率从低到高列出你的债务，然后集中力量优先偿还利率最高的债务。

债务雪球法则要求你忽略利率，按照债务金额从小到大排序。你可以先从最小额的债务开始偿还，以获得成就感，然后再逐步偿还更大额的债务。

你选择哪种策略取决于你的个人需求。请仔细考虑这两种方案及各自的利弊，然后做出有意识、有目的的决定，选择最适合自己的方案。

债务雪崩法

- **第一步**：列出所有债务，按利率从高到低排序。
- **第二步**：除了利率最高的债务外，对其他债务均进行最低还款。
- **第三步**：对于这笔最高利率的债务，在最低还款额的基础上尽可能多地额外还款。
- **第四步**：一旦这笔最高利率的债务还清，就将你以前用于偿还它的那份资金用于偿还下一笔利率最高的债务，新债务的还款应该单独支付，而不应占用你现有债务的最低还款额。
- **第五步**：重复上述步骤，直到所有债务全部还清！

这种方法能为你节省更多的时间和金钱。你将在更短的时间内，以更少的总利息还清债务。不过，这需要你具备更多的耐心和更强的自制力。当你偿还完一笔债务后，并不会马上收获债务清零所带来的那种短暂的满足感。

债务雪球法

- **第一步**：列出所有债务，无须考虑利率，按金额从小到大排序。
- **第二步**：除了最小额的债务外，对其他债务均进行最低还款。
- **第三步**：在偿还最小额债务时，除了满足最低还款要求外，尽可能多地增加还款金额。
- **第四步**：一旦最小额债务还清，便将以前用于偿还它的那份资金转移到下一笔最小债务上，并确保这笔钱不占用当前的最低月还款额。
- **第五步**：重复上述步骤，直到所有债务全部还清！

此方法通过不断实现小目标来激发你的还款动力。然而，由于它未将利率纳入考量，因此，相比于债务雪崩法，你可能会支付更多的利息。戴夫·拉姆齐（Dave Ramsey）的数据显示，采用债务雪球法的人往往更能坚持执行偿债计划。

两种方法各有千秋，因此，如果你尝试了一种方法后感觉并不适合自己，那么调整策略也是可行的。关键在于持续前进，不断努力摆脱债务！

债务规划

在了解了这些内容之后，你对信用和债务有什么看法？这些内容是否改变了你的看法？你的金钱脚本是如何影响你的看法的？

这些问题的答案将为你制订个人债务管理计划提供重要依据。审视一下你的财务状况，对比你现在的处境与你的未来愿景之间的差距，并判断某些债务是否有助于你实现目标。

然后，展望未来。在未来十年、二十年或三十年里，你预计会有哪些大额支出？你会使用信贷来支付这些费用吗？你会为此储备一笔资金吗？现在就制定策略，这样你就不会措手不及或感到压力重重，甚至能完全避免陷入债务困境。

现在，你已经掌握了三个关键的等式来评估你的财务状况：收入与支出的差额、资产与债务的差额，以及债务收入比。它们能够清晰地反映出你当前的财务状况。下一章我们将更深入地探讨净资产的含义，以及如何实现净资产的持续增长——这对于任何人构建自己的财务蓝图都大有裨益。

本章小结

　　债务是资产与债务的差额等式的后半部分，与资产共同决定了个人的净资产。当你明确了自己的资产和债务数额后，两者相减得出的数值便能较为准确地反映出你的净资产状况。这是继收支等式之后，衡量财务状况的第二个重要等式。另外，债务收入比为你提供了另一个视角来审视自己的财务状况。

　　我们不应简单将债务分为"好"或"坏"，而应将其融入个人的整体愿望、目标和财务计划中综合考虑。有些债务可能对你的个人发展大有裨益，但对他人却未必如此，反之亦然。如果你发现自己债台高筑，一个有效的应对策略是先调整收支状况，然后运用"债务雪崩法"来逐步偿还债务。

核心要点

- 在计算出总债务后，请对比你的资产与债务，并评估你的债务收入比。

- 债务是"好"还是"坏"取决于你的个人情况和目标。哪些债务能为你的发展助力？哪些又会拖你的后腿？请务必避免背负"坏"债务。

- 征信报告是贷款机构评估你信用资质的重要依据。

- 信用评分基于你的付款记录、欠款金额、信用记录长度、新信用和信用类型等因素。该评分范围设定在 300～850 分之间，会影响你获得信贷的能力以及所需支付的利息。

- 请制定还债策略，通过债务雪崩法或债务雪球法来减少债务。

第八章

你的净资产

虽然我们已经学习了如何计算净资产（即衡量财务状况的最终核心指标），但我还是想深入探讨一下这个话题。"负债"是什么意思呢？负债指的是你要履行的所有财务义务，而债务则特指与未偿还贷款相关的义务。尽管提到负债时，人们往往会想到债务，但实际上债务只是负债的一个组成部分。

里卡多（Ricardo）和珍妮弗（Jennifer）开着完全相同的车，从品牌到型号都一模一样。他们还住在同一个社区。每天清晨，他们开着一样的车从外观相似的房子里出来，前往市区。在那里，他们做着相似的工作，领着相同的薪水和福利。

那么，里卡多和珍妮弗的净资产是否相同呢？未必。到目前为止，我们所了解的是他们的收入和资产大致相当。这两个指标分别是评估财务状况的其中两个等式的一部分，但现在他们需要查清自己的债务和支出。债务能反映出他们的净资产，而支出能揭示他们的净资产是在增加还是在减少。

假设里卡多在买房前存了一些钱，并支付了50%的首付，还剩5万美元的房贷未还。此外，他多年来一直乘公交车出行，后来用现金买了一辆不错的二手车。因此，他的债务相对较少，用于还房贷和养车的支出也不多。

相比之下，假设珍妮弗在购房时仅支付了20%的首付，房贷还剩15万美元待还，而且她选择租车而非购车。在这种情况下，她的债务（房贷）更高，支出（租车费用）也更多，而且她所驾驶的汽车甚至不能算作她的资产！

在这种情况下，里卡多的财务状况更健康，净资产更高，而且可能随着时间的推移持续增长。尽管生活方式看似相同，但珍妮弗的净资产远低于里卡多，显然，她比里卡多更难实现自己的财务目标。

什么是净资产

计算一个人的净资产有点像检查汽车的内部装置。虽然外表看起来完美无瑕，但发动机却可能隐藏着各种问题。我们推崇物质至上的文化，总想着与他人攀比，却忽略了那些看不见的"数值"。

　　例如，如果你有 20 万美元的资产，但债务却高达 60 万美元，那么你可能比那些只有你一半资产（10 万美元）但没有债务的人过得更加艰难。净资产就是这样计算出来的，这与上一章中提到的计算资产与债务的差额是一样的。如果你遵循了那些操作步骤，那么你现在已经得出了自己的"数值"。现在，将这些等式结合起来，你就可以清晰地了解自己的财务状况了。

财务状况

　　就算你的净资产为负、收入与支出的差额也为负，也没关系，在这里你不会受到任何指责。无论结果如何，我都赞赏你能够履行这些步骤，以准确掌握自己的财务状况。现在，你需要先准确诊断问题，然后再着手寻找解决方案。要知道，陷入对财务状况的内疚或羞愧对你并无益处，你只需着手改善它。

　　你首先要得出**收入与支出**的差额。你得汇总所有收入来源（甚至包括非常规收入来源），算出平均月收入。然后，以同样的方式计算出所有支出，得出平均月支出。接着，用收入减去支出，就得到了收入与支出的差额。差额为正意味着盈余，差额为负意味着赤字。

接着，计算**资产与债务**的差额。首先，你要汇总所有资产，并计算出它们的公允价值总和，即总资产。然后，将所有债务相加，得出总债务。用总资产减去总债务，就得出了资产与债务的差额。差额为正表示净资产为正，差额为负表示净资产为负。

现在，让我们通过这两个等式来分析你的财务增长轨迹。如果你的收入、支出、资产和债务都没有变化，那么随着时间的推移，你的净资产会发生什么变化？这个等式的要素包括你的盈余 / 赤字、净资产以及你所拥有的资产类型。

只有在以下条件下，你的净资产才会随时间增长。

- 有收支盈余。
- 偿还债务的速度快于累积债务的速度。
- 将盈余投资于增值资产。

这些条件会让你的净资产呈现正增长趋势。无论你的起点如何，只要满足这三个条件，那么随着时间的推移，你终将取得成功。如果缺少其中一个或两个条件，你的净资产就会停滞不前甚至减少。如果你的净资产迅速减少，那么可能是因为以下情况：

- 收支出现赤字。
- 累积债务的速度快于偿还债务的速度。
- 资产的贬值速度快于其增值速度。

完善你的财务报告卡

综上所述，请密切关注你的财务状况。请回答以下问题，以全面了解你的财务状况：

我的月收入与月支出的差额是多少？（收入减去支出）

_____

我的净资产是多少？（资产减去债务）_____

总体来说，我的资产是在增值（增加）还是在贬值（减少）？_____

我的资产和债务，哪一个增长得更快？_____

我每个月的债务是否在不断增加？_____

这些问题的答案将为你提供一份财务报告，揭示你的净资产变动轨迹。你正在朝着正确的方向前进吗？请记住，每个人的财务目标和关注的生活领域都有所不同。但是，正向且不断增长的净资产将对你大有裨益，这也是本部分如此重视净资产的原因。为了实现你的财务愿景，要从更广阔的角度思考，不要仅仅局限于"我要赚更多的钱"或"我要还清债务"。这样想可能更好："我需要逐渐增加我的净资产。"

增加净资产

要增加你的净资产，首先要考虑的是你的**收入与支出**情况。在收支有赤字的情况下想增加净资产，那就像是往一个有洞的桶里倒水。无论你多小心，水还是会从桶底漏出来。要想储蓄和投资，你的支出不能超过收入。否则，你最终会依赖信贷来支付开支，从而导致债务的增长速度超过资产的增长速度。

因此，第一步就是要实现收支盈余，这在第四章和第五章中已经进行了深入的探讨。简而言之：你必须增加收入、减少支出，或者双管齐下。对一些人来说，这意味着在做全职工作的同时，再找一份兼职或副业，同时减少支出或考虑更便宜的替代品。

下一步是偿还债务，尤其是高利率的债务。因为利息会不断累积，导致你的净资产逐渐减少。大多数高利率债务使净资产减少的速度会比资产增值的速度更快。因此，我鼓励学生先还清信用卡债务，然后按照债务雪崩法或债务雪球法来偿还其他债务，再将收支盈余用于投资。在处理这些债务时，需要根据不同情况做出一定的灵活调整，因为有些债务可以在一年或更短的时间内还清，而有些则可能需要15 ～ 20 年，比如房贷。此外，偿还房贷本身就是一种在减少债务的同时增加资产的方式。

一般原则是什么？还清债务，将3 ～ 6 个月的生活开支存入应急基金储蓄账户，并将家庭收入的15% 投资于增值资产，如房产或退休储蓄计划。

随着时间的推移，这样做将增加你的净资产。记住，这既需要花费时间，也需要付出努力。每个人的财务计划都是独一无二的。

拒绝攀比

当你看到珍妮弗开着豪车行驶在高档小区，或者在社交媒体上分享她美妙的度假照片时，心里可能五味杂陈。有些人可能备受鼓舞，而有些人则会在与珍妮弗的比较中暗自神伤。这时，大家往往会有一个疑问：

"她是怎么过上这种生活的？"

而实际上，很多时候，答案都是"她其实没那个能力"。她的生活在外人眼中或许光鲜亮丽，但大多数美国人背负着数千美元的债务，靠工资勉强度日。那辆酷炫的汽车其实是租来的，那座风景优美的住宅其实让她的收支严重失衡。虽然她拥有一份高薪工作，但同时也背负着数十万美元的债务。如果你仔细算算，说不定你的净资产实际上比珍妮弗还多。

记得以前孩子们还小的时候，我们经常开车路过一些豪宅，其中有个孩子就会说："他们肯定很有钱。"我回答道："不一定哦，他们有可能欠了一屁股债。"这样他们就能明白："拥有物质并不总是财富的标志。"

也许珍妮弗现在过着看似美好的生活（或者她自认为如此），但她却在用信用卡透支消费，不断累积债务，她的净资产为负，且还在持续下滑。迟早有一天，她会意识到必须要努力摆脱财务困境，到那时，她在社交媒体上的活跃程度也会下降。

关于个人平均信用卡债务的统计数据并不统一。但根据智图信运[⊖]（Intuit Credit Karma）对其 7 400 万信用卡用户的统计数据，平均每人的债务超过 6 000 美元。截至 2023 年第一季度，美国人的信用卡债务总额高达 9 860 亿美元[⊜]。这意味着，你在日常生活中见到的大多数人都在背负着高利息债务，而且他们的很多"财产"其实并不真正属于他们自己，而这些你从表面上根本看不出来。

总之，我们为了在别人面前显摆，老是用手头不宽裕的钱去买些不必要的东西，这简直毫无意义。而反观那些财务状况良好的人，你时不时会看到他们开着豪车、住着豪宅，而且这些都是他们实实在在的资产。他们的净资产不仅为正数，还在不断增长。

百万富翁也可能和囊中羞涩的人一样压力重重。拥有更多钱并不意味着你的生活就能自动变得平静安宁。你拥有的钱越多，需要管理的钱也就越多。不过好消息是，随着你的

⊖ 沃德（Ward），巴黎（Paris）. 按年龄、地区和信用评分划分的平均信用卡债务 . Credit Karma，2023 年 4 月 20 日，http://www.creditkarma.com/insights/i/average-credit-card-debt。

⊜ 纽约联邦储备银行微观经济数据中心 . Newyorkfed.org，2023 年，网址 http://www.newyorkfed.org/microeconomics/hhdc.html。

收入和净资产的增长，你其实会感觉更轻松，因为你正在为自己的财务未来奠定坚实的基础。你赚钱，可不是只为了钱，或是为了跟邻居攀比；你是在朝着自己设定的财务目标迈进。

你制定的财务目标只属于你自己。你可能觉得别人的财务前景比你更光明，但正如你在本书中看到的，事实并不一定如此，也许他们只是将精力集中在了与你不同的生活领域，追求着不同的梦想，有着不同于你的目标。唯一关键的是，你要清楚自己的目标，明确如何去实现它。放心，你一定能达成心愿。

向目标进发

拥有数值为正且不断增长的净资产，能给人带来财务自由的感觉，让人既安心，又满足。你深知自己有能力应对紧急情况，还能还清当前所有债务。此外，你很可能已经在为退休、度假和遗产等事项储备资金，更不用说还有额外的收支盈余，足以让你尽情享受当下理想的生活。

目标就是你的**财务愿景**。在本书的第一部分，你审视了生活的八个领域并写下了每个领域的目标，从而确定了这一愿景。接着，你制定了与整体愿望相匹配的短期、中期和长期财务目标。你比任何人都更清楚自己的方向。

然后，你明确了自己当前的处境。规划路线既需要起点，也需要终点。本书的这部分内容指导你通过计算盈余 / 赤字，以及净资产，来全面了解自己的**财务状况**。现在，你已经对自己的现状了如指掌，并承诺不妄自菲薄，而是有意识地、有目的地改善当前的财务状况。

接下来就该进入下一阶段了。要想从起点 A 到终点 B，最好的方法就是参照地图。当你学习、规划和执行这一财务流程时，就会从起点 A 开始，向终点 B 迈进。虽然前进的速度缓慢，但你的财务愿景一定会慢慢照进现实。这种感觉真是妙不可言！

本章小结

净资产是指你的资产（即你所拥有的）减去你的债务（即你所欠的），它不以收入为基础。收入和资产情况相近的人可能有着不同的净资产，因为他们的债务情况不同。此外，如果开支失控，那么财务状况可能会岌岌可危。

结合你的净资产和收支情况，你可以绘制一份财务状况。这份状况能够清晰地反映出你当前的处境，从而帮助你朝着自己的财务目标迈进。如果你拥有收支盈余、增值资产且没有债务，那么你的净资产会随时间逐渐增长。这正是你要追求的目标。

核心要点

- 要想增加净资产，就要偿清债务，并将收支盈余投资于增值资产。

- 设定目标将帮助你实现自己的财务愿景，即你梦寐以求的财务状态。

- 现在你已经掌握了自己的财务状况，并了解了当前的处境。对此，你有何感想？你是否在朝着正确的方向前进？

- 拒绝盲目比较，做出有意识且有目的的决定，开始朝着你的财务愿景迈进。

第三部分

学习、规划与执行

既然我们已经明确了目标，并清楚了目前的处境，接下来就该学习、规划与执行了。让我们稍微回顾一下。还记得我在本书开篇时提到的吗？通过阅读这本书，你将有以下收获。

- 在财务管理方面实现最佳自我。
- 奠定坚实的财务基础，惠及家人与社区。
- 获取基于研究的财务信息，而不是道听途说。
- 获得大量机会深入探究书中内容，并为你所用。
- 掌握基础且无压力的财务成功之道。
- 获得与你的习惯、人格、态度和价值观相符的计划，而非千篇一律的通用方案。
- 获得量身定制的财务管理策略，从而增加收入、减少支出、还清债务、实现资产升值、增加净资产。
- 掌握一套能指导孩子与年轻人学习财务管理技巧的方案。

至此，你已经掌握了核心的财务概念和策略。现在，是时候将愿景和梦想变成现实了。

目前，你已经明确了自己的金钱脚本、人格、习惯、态度和价值观，也清楚了生活的八大领域，并知道自己最希望改善哪个领域。为此，你已经设定了要完成的短期、中期和长期目标。

你也了解了自己的财务状况，掌握了收入与支出的差额、资产与债务的差额、债务收入比以及净资产的变动趋势。

　　总之，你既明确了目标，也了解了现状。现在是时候朝着目标迈进了，这意味着你需要学习、规划并执行个性化流程，从而实现财务成功。为此，你需要下决心做出改变，为成功做好准备，并实行改善收支的策略。在接下来的篇章中，我们将整合所有内容。你将运用目前所学的知识，制订一项策略来执行你的计划。

　　你目前的财务管理方法奏效吗？你当前的路径能引领你到达目的地吗？如果不能，那么改变势在必行。如果你对于如何改变感到迷茫，那么阅读本书将会为你指明方向。你需要学习一种适合自己的新方法。同时，你还必须了解和认识自己目前的财务管理行为及其背后的原因，这样才能知道需要改进之处。

　　一旦你认识到需要改进之处，接下来便要改变当前对你无益的习惯和财务管理方式，并制订一个行动计划——一种新方法。你需要做出哪些重大及细微的调整，又需要改掉哪些习惯呢？

　　接下来，你需要将计划付诸实践，即执行计划。现在开始实施策略，改变自己的行为吧！无论计划多么周密，若不付诸行动，都毫无意义，唯有一步步落实，才能让梦想照进现实。

　　我们将把这个过程细分为以下几个步骤：为成功做好准备，有意识、有目的地消费，增加收入，建立肌肉记忆，让成功自然到来（且少走弯路）。这样一来，你就能学习、规划并执行你的个性化流程。

| 第九章 |

为成功做好准备

几年前，我教授了一门面向研究生的理财知识课程。我注意到，每周都有同一位学生前来告诉我："我丈夫和我讨论了……（与我前一周讲课主题相关的话题）。"接着，她会详细地分享他们的对话内容。

这样的情况持续了好几周，直到有一天，我注视着她说："我觉得我们挽救了一段婚姻。"她看着我，回答道："您根本想不到那对我们意义有多大。"我微微一笑，我们俩的眼眶都不禁湿润了，随后她回到了座位上。那是很多年前的事情了。我现在还常常想起那位学生，想到她当时的处境，衷心希望他们能够解决分歧，为成功做好准备。

再周密的计划也会出问题。用现在的话来说就是"生活总有意外"。

截至目前，你已经为财务成功打下了坚实的基础，并且制定了短期、中期和长期的财务目标。你还通过计算收入与支出的差额、资产与债务的差额、债务收入比以及净资产等数值，明确了自己当前的财务状况。现在，是时候朝着目标前进了。

我希望在这个过程中，你能够对自己的财务有更深入的认识，并且学会如何管理它。就像我前面提到的那位学生一样，你可能也从未真正静下心来探讨过财务问题。他们的婚姻原本存在一些问题，但在讨论了财务状况之后，婚姻中的一些矛盾似乎有所缓和。我的目标不仅仅是让你了解更多的财务知识，而是希望你更有意识、有目的地管理财务。这样，你的财务生活才能从混乱走向平静。

因此，在你开始学习、规划和执行个人财务计划时，要有明确的目标。你得停下脚步，仔细审视你的计划：它是否切实可行、持续有效？换句话说，你能否持之以恒？

当你决定扭转财务状况时，你会感到兴奋不已、动力满满。因此，你可能会制定出庞大且不切实际的目标，企图一次性解决所有问题，这种急于求成的做法往往会让人半途而废，最终导致计划失败。

相反，要让你的计划符合现实——在现实生活中切实可行。不必急于求成，试图一次性改变所有事情，而是要**权衡取舍**，并考虑**机会成本**。不要一开始就对自己太苛刻。削减所有非必要支出会让你对整个过程产生抵触。因此，从一开始你就要有目的地在支出和收入方面做出调整。不妨寻找替代方案，而不是仅仅关注如何减少支出。对于你未曾踏足的每一条道路，都要思考是否值得转变方向去探索一番。这样的考量将使你的财务计划更具目的性。

你还需要保持理性。许多财务计划都会忽略情感因素。不考虑情感因素的计划注定会失败。因此，在减少支出、增加收入及管理个人财务状况时，务必考虑其中涉及的情感因素。这包括情绪化消费，它是导致预算漏洞的罪魁祸首之一，而这些漏洞最有可能让你的财务计划彻底泡汤。

本书接下来将讨论财务思维导图，储蓄选择，情绪化消费，有意识、有目的的消费策略，增加收入，以及建立肌肉记忆，将执行新的财务计划变成一种习惯，从而减轻压力。

让我们从绘制一个可视化的财务思维导图开始吧！

财务思维导图

一幅图胜过千言万语。财务思维导图将呈现出你当前的财务状况和未来的目标。当你坐下来思考财务问题时，思绪可能会变得杂乱无章。人们往往容易先关注最迫切的需求或情感反应最强烈的领域，而忽视了全局。因此，思维导图能构建出全局视图。它能够让你纵览全局，赋予你"上帝"视角，让你可以"审视"自己的财务状况。这与设定目标的过程相似，目标起初在你的脑海中杂乱无章，但当你将它们梳理并详细记录下来后，它们就会变得清晰明了。

在思维导图中，我们会把收入与支出和财务目标进行有序分类。它还会揭示有用的信息。如果你发现制作思维导图很复杂，那就说明你的财务状况过于混乱，不妨借此机会将其简化。

它还能显示出你财务状况的不平衡之处。如果你的思维导图中支出类别的条目一大堆，而储蓄与投资类别的条目却很少，这可能是一个信号，表明你应该集中精力偿还债务，并开辟新的储蓄渠道。图 9-1 是一个财务思维导图的示例。

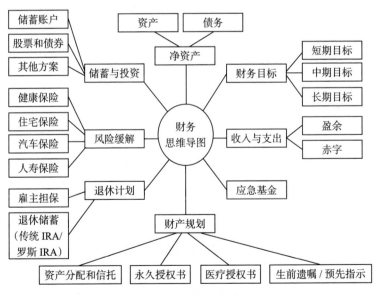

图 9-1　财务思维导图示例

一览你的财务思维导图，你不仅会发现不平衡的地方，还能发现明显的漏洞。上面的例子列出了"保险范围"。如果你在自己的财务思维导图上写了类似的内容，但实际上未购买人寿保险，这就是一个漏洞。或者，你注明了想存钱用于汽车维修，但当你查看每月预算时，却发现并没有为此预留任何资金，这也是一个漏洞。拥有一份可视化的财务计划，你就能明确行动步骤，从而有意识、有目的地向前迈进。

这一切都是为了不断前进。每个人都有自己的起点、计划和节奏。有些人会进行财务审视，并立即转入积极行动模式。他们会严格把控每月的支出，并连续兼职数月，以便在财务上"拨乱反正"。然后，他们会将这些短期措施转化为更持久的日常计划。

有些人一开始不会制订如此激进的计划，而是小幅度地进行调整。他们可能因生活中的某些情况而无法一开始就采取大幅度的行动，但他们仍在取得进步。将船舵向一侧转动一度，就能让船只转向，只是这需要更长的时间。然而，一段时期的小幅调整可能会激发更大的决心，同时可以减轻对整个财务体系的巨大影响。

储蓄选择

我教的学生往往没有长期储蓄和投资计划。当你在制作财务思维导图时，请审视你的储蓄和投资情况。如果你的储蓄和投资不多，或者对市面上的储蓄和投资方式感到好奇，不妨看看以下这些选项。

1. 高息储蓄账户

高息储蓄账户与普通储蓄账户的操作方式相似，但利率要高得多，甚至可以达到 5% 或更高的年利率。你可以在银行或者网上开设此类账户。

2. 定期存款账户

如果你在存期内不动用存款，定期存款账户就会为你赚取利息。定期存款账户的利率也高于普通储蓄账户，大多数银行都开设定期存款账户服务。

3. 货币市场存款账户

货币市场存款账户与银行账户的操作方式相似，提供利息收益，支持使用借记卡和开支票功能。但是，前者可能有最低余额要求、额外费用以及交易规则。

4. 活期存款账户

活期存款账户是银行的一种流动账户，几乎不产生利息。不过，它在最低余额、额外费用和交易方面的限制较少。

5. 短期国库券

短期国库券是指美国政府通过拍卖方式发行的一种债券，用于资助各类项目。这些债券以低于票面价值的价格出售，并由政府在一定期限内按票面价值向持票人偿还，具体偿还期限取决于市场利率。它是一种安全的短期投资形式。

6. 短期债券

短期债券与短期国库券类似，但可以从除政府以外的其他实体那里购买。它们通常会产生固定收益，即你借出一定金额的资金，并在一定期限后获得事先约定的回报金额。

7. 投资（股票、房地产）

与债券不同，股票和房地产的价值并不固定，会随着时间上下波动。尽管有一些保障措施，但风险始终存在。不过，这些投资的价值也有可能随着时间的推移而实现指数级增长。

谈及储蓄，其关键在于坚持执行计划。这需要你下定决心，有意识、有目的地改变当前的行为，确保它与你的价值观和目标相匹配。除了完成本书中的练习，选定一种储蓄方式之外，你还需要日复一日地做出一些微小的决策，一步步向目标迈进。

── 与吉尔·鲍尔斯博士探讨金钱、离婚和共同育儿问题 ──

很多人会因为分居或离婚等人生重大变故而开始认真审视自己的财务状况。吉尔·鲍尔斯博士（Dr. Jill Bowers）是一位教授，也是共同育儿方面的专家。在过去的 15 年里，她一直致力于离婚和共同育儿教育领域。其中包括对离婚家庭的孩子的研究，对共同育儿教育项目的评估，以及她本人创立的共同育儿教育项目。

她指出，在冲突不太激烈的离婚案件中，夫妻双方尽管在其他方面意见一致，但往往会在财务问题上产生分歧。财务压力是正在经历离婚的父母面临的最大压力之一。对财务问题的种种担忧往往会引发焦虑和抑郁情绪。

许多夫妻已经适应了双份收入的模式，而离婚则意味着他们各自只剩下一份收入。此外，他们还要承担离婚本身产生的费用，如调解费、律师费和搬家费等。一些夫妻还需要分割资产，如房产出租收益、退休账户和储蓄账户等。这导致许多人离婚后的财务状况并未好转，这是值得留意的一点。

此外，还有抚养子女的问题需要考虑。抚养子女的费用应该如何合理分配呢？鲍尔斯博士给出了以下建议。

（1）在决定离婚或分居前，先制定一份预算，对尚未产生的费用进行预先规划。例如，如果孩子们还未到学龄阶段，你可能还未考虑过与体育和课外活动相关的费用。

（2）不要仅仅为了维护共同抚养的关系而盲目妥协，而是要达成协议，保护你的财产和孩子的权益。无论如何，你们的关系终究会发生改变。

（3）将你们的协议以具有法律效力的书面形式确定下来，明确各自需要承担的费用。

（4）为可能出现的紧急情况做好预案，比如因工作变动而失去保险。

鲍尔斯博士表示，最重要的是，如果你的经济状况良好，你的孩子也会受益。有些父母可能会因为离婚而感到内疚，于是尽量满足孩子的一切要求，或用一些物质来过度补偿。鲍尔斯博士并不建议这样做。你们共同承担抚养子女的费用，但各自的财务已经分开管理了。个人理财的问题是你们各自的职责。如果你之前没有独自管理过自己的财务，那么现在是时候开始为你自己和子女制定财务策略了。

理解情绪化消费

我不是一个情绪化消费者，我不是一个情绪化消费者……慢着，也许我就是一个情绪化消费者！你知道吗？90%的消费是由情绪引起的，只有10%的消费是由逻辑引起的，好好想想这一点吧。许多消费行为都源于某种程度的情绪，无论是快乐、成就感、悲伤、愤怒、内疚、嫉妒，还是恐惧。这就是在记录支出时要考虑情绪分类的原因：这帮助你判断一笔消费是否由情绪引起。

既然我们即将专门用一整章来讨论有意识、有目的地消费，那为什么还要在这里讨论情绪化消费呢？我之所以在这里提及它，是因为我发现情绪化消费是人们在理财道路上常见的障碍。简而言之，如果你想为成功做好准备，就需要理解并减少情绪化消费。

什么是情绪化消费？它指的是在情绪高涨时购买自己其实并不需要或想要的东西。疯狂购物和冲动消费都属于情绪化消费。你可能听说过"购物疗法"这个词，它指的是人们通过购物来减轻痛苦或创伤。购物疗法确实存在，但不必将其"污名化"。如果购物疗法在个人预算之内，且不会引发债务问题，那么很多人可能会认为它颇有价值。我并非要求你今后再也不采用任何购物疗法，我的意思是，它必须符合你整体的财务状况。

作为消费者，你的选择越多，就越容易情绪化消费。比如说，你的洗发水用完了，打算去商店买一瓶。如果你走进一家大型商场，就会发现一整排货架都摆满了护发产品，洗发水更是有成百上千种。它们宣称能够增加发量、修复干枯受损发质、解决头皮出油问题、去除头皮屑、柔顺发丝、保护染发色泽、增加光泽、滋养滋润等。这还只是说到不同功效方面的选择，还没算上各式各样的香味呢，真是让人眼花缭乱。如果说选一瓶洗发水就已经让你筋疲力尽了，那我劝你还是别去婴儿用品区了，那么小的一个孩子，可供挑选的产品数量不胜枚举，这种让人难以抉择的感觉往往会导致情绪化消费。

生活稍有变动，压力就随之而来。一想到要踏上改善财务状况之旅，你可能就会觉得压力重重，忍不住想通过情绪化消费来缓解这种情绪反应。换句话说，越是想避免的事，反而越容易发生。因此，在讨论如何为成功做好准备时，我们不得不提到这一点。

要克服情绪化消费，你需要判断自己是否存在这种行为，更重要的是判断这种行为发生的频率，然后学会应对可能触发这种行为的情形。

你觉得自己是情绪化消费者吗

想想看。上述关于情绪化消费的描述是否让你感同身受呢？有些人会不假思索地说"是"，并认定自己就是情绪化消费者。而有些人则可能需要思考一会儿。以下几个问题可以帮助你认清自己、得到答案。

你买东西是为了改善心情吗？情绪化消费者在感受到消极情绪或想要体验积极情绪时，往往会购买一些不必要的物品，并在一段时间内沉浸在由此引发的高涨情绪中。

你买东西是为了提升自信吗？对情绪化消费者来说，购买某物并非是因为他们真的需要，而是因为隐藏在背后的情绪——一种自我怀疑的感觉。

买完东西后你会感到内疚吗？情绪化消费有时候是个循环：个人被某种情绪触发，然后通过购物来应对这种情绪，但购物后反而心情更差。要是这样的话，把东西退回去，问题立马就解决了。

就算你是个情绪化消费者也没关系。我们都可能因为情绪而购物，毕竟情绪本身就是生活中鲜活的一部分。一个有意识、有目的的计划并不会忽视情绪的因素，也不会假装它们不存在。你制订的计划应该将你的情绪考虑在内。因此，只要符合你的整体计划，情绪化消费是可以接受的。在有些情况下，比如你想犒劳一下自己，情绪化消费并无不妥。

然而，情绪化消费一旦变得频繁、导致欠债或引发人际关系问题，那就成了一个大问题。每当看到心理或财务健康专家忽视情绪因素，只是简单地告诉人们别再花钱时，我就感到十分无奈。那些有强迫性购物行为或花钱成瘾的人，不可能说停就停。这些行为已被认定为一种真正的障碍，让人觉得自己失去了控制。我把情绪化消费者比作在与酗酒等成瘾行为做斗争的人，他们可以分十二个步骤来进行治疗。改善情绪化消费的策略，绝不是简单的一句"别再花钱"，而是要研究其根本原因、诱因，并找到克服方法。

——— 与劳拉·麦克罗伯茨一起克服情绪化消费 ———

劳拉·麦克罗伯茨（Laura McRoberts）是一位数字营销顾问，她有着一段克服情绪化消费的精彩经历。

随着渐渐长大，她开始觉得自己的价值取决于拥有多少金钱、能给他人带来什么好处。她不太清楚这种观念从何而来，但她记得肯定是受了外婆和妈妈的金钱观念的影响。她生怕让自己生命中至关重要的人失望。

在第一段婚姻中，劳拉发现丈夫从不履行财务职责，甚至在挥霍无度后还反过来指责她。他会骂她蠢，说她是造成财务问题的罪魁祸首，这加深了她对金钱的消极情绪反应。最终，这段长达十三年的婚姻以离婚告终，她成了带着三个孩子的单亲妈妈。

劳拉不仅养成了一些不健康的理财习惯，而且一提到钱，她就满心恐惧。后来她遇到了杰夫（Jeff），但她就是没法和他聊起钱的话题。只要杰夫一提钱，想坐下来聊聊预算，劳拉的情绪就会崩溃。她感觉自己大难临头，好像杰夫马上就要批评她做得不够好。

劳拉陷入了财务困境，无力承担部分开销。最终她偷偷动用了老板的信用卡来支付一些账单，并试图隐瞒此事。她本打算偿还，但到了发薪日，更多的账单接踵而至。很快，老板发现了此事，报了警，劳拉也因此锒铛入狱。

劳拉至今记得，她不得不向当时还未成为丈夫的杰夫坦白一切。接着，她又不得不告诉未来的继子和亲生孩子们，自己要离开家三年。

这个经历促使她认真接受心理咨询，尽管之前她只是稍作尝试。她还加入了十二步计划和多个互助小组。她开始摆脱"金钱等于个人价值"的观念。她逐渐明白，自己无法掌控所有情况和结果。那些让她害怕、想要逃避的负面想法，既没用又不理性。

于是，她开始向杰夫袒露心声，讲述自己过去的婚姻和成长经历对她的影响。他们开始每周心平气和地谈论预算，彼此间不再相互指责。劳拉现在感到很安心，因为她知道，即使自己超支或购买了不需要的东西，也没什么大不了的，她和家人都会安然无事。

劳拉的故事表明，恐惧是情绪化消费的一个巨大诱因。这也解释了为什么情绪化消费者在掌控金钱时会觉得如此棘手——它触及了人们内心最深处的自尊和恐惧。

好消息是，这一切都是可以克服的。你可以到达一种新的境界，从被金钱控制到主动掌控金钱。银行账户里的金额将不再等同于你的个人价值。你的自我价值也与你的净资产毫无关系。

目前，第一步是提高认识。接下来的章节将讨论有意识、有目的的消费策略，无论你是否认为自己是情绪化消费者，这些策略都将帮助你管理你的支出。情绪化消费者会发现这些策略卓有成效，不过，这些策略对所有想实现财务成功的人都大有裨益。

你的财务思维导图是怎样的？你是否发现某一方面失衡了，甚至有些漏洞需要填补呢？在向前迈进之前，花点时间从全局的角度审视一下自己的财务状况。不要还没看清全局，就急于实施激进的财务改善计划。这是确保自己走向成功的重要一步。

接下来，我们要判断自己是否属于情绪化消费者。毫无节制的消费是阻碍我们实现财务目标的最大障碍，这也是我们将其纳入本次讨论的原因。如果你想让净资产随时间增长，那么前提必须是收入要超过支出，否则一切只是空谈。虽然增加收入确实有帮助（后文会详细讨论），但你应该先审视自己的支出和消费。如果能控制好支出，那么实现收支盈余就会容易得多。

如果你已经构建了清晰的财务图景，即你的财务思维导图，并且明确了你可能遇到的最大障碍，那么你正朝着成功迈进。做得很好！

接下来的两章将深入探讨有意识、有目的地消费以及增加收入的实用方法。这些方法将帮助你实现收支盈余，进而减少债务、增加资产。减少债务和增加资产将共同促进你的净资产的增加，推动你迈向坚实的财务未来。

本章小结

在深入实践细节之前，为自己的成功奠定好基础才是明智之举。要确保自己能够规划和执行个人财务计划，你首先需要了解自己的财务思维导图和情绪化消费情况。这样你才能以正确的步伐，有意识、有目的地向前迈进。有些人可能会发现，在短时间内采取更激进的措施来解决自己的财务问题行之有效，而另一些人则会在更长的时间跨度内进行细微调整。关键在于你必须有长期的决心。

核心要点

• 财务思维导图有助于你了解自己当前的财务状况和目标。

• 可以根据自己的风险承受能力和目标选择多种储蓄方式。

• 你的情绪在财务管理中发挥着重要作用，并影响着你90%的消费决策。

• 无论你在后续阶段做出激进的改变还是微小的调整，都要致力于改善你的长期财务状况。

第十章

有意识、有目的地消费

　　既然你已经分析了自己的整体财务思维导图，识别了前行路上的主要障碍，为自己的成功做好了准备，那么现在该深入研究消费了。当你掌控了自己的支出，就能更容易地实现收支盈余。这样，你就能够偿还债务并进行投资，从而逐渐增加你的净资产。

　　要想改变你的用钱方式，你得持续对生活方式进行细微调整。我希望你意识到，这并不意味着让你一次性做出多项重大改变，颠覆你的生活。相反，把它想象成几次有意识的助力，助你越过一座小山丘。一旦你越过了这座山丘，你就会发现事情正朝着对你有利的方向发展。

　　从长远来看，只要有意识、有目的地控制消费，同时为你的财务设定 SMARTER 目标，就能塑造一种更健康的财务生活方式，从而取得成功。

什么是有意识、有目的地消费

　　有意识地消费是一种基于个人生活方式的财务管理技巧，与你的个性相匹配。这是一种更高效、更持久的支出方式。如果你制定的预算与自己的价值观不符，那就无法坚持下去。这就像菠菜对健康有益，你应该吃，但如果你不喜欢，你也不会去吃。你知道应该怎么做，但你就是做不到。

　　有目的地消费意味着带着目的去消费。当你放慢脚步，体会金钱是如何改善你的生活时，你的消费就会更具目的性。每次花钱，你都会认识到这笔消费的意义，以及它在你整体生活中发挥的作用。

为什么有意识、有目的地消费很重要

　　有意识、有目的地消费有助于增加你的净资产。如果你的支出超过收入，就别指望能积累财富。无论你省下多少钱，只要持续欠债，债务产生的利息就会让你的净资产保持负值。因此，你必须先审视自己的收入和支出，以及它们之间的关系。

　　在当今的社会环境中，人们更容易成为盲目的、无目的性的消费者。让我们回顾一下金钱交易是如何随时间演变的。

　　1990 年，你得去零售店买东西，并用现金结账。假设商品总额为 7.79 美元，你需要掏出纸币和硬币，一分不差地递给收银员，或者全部用纸币支付，让收银员找回零钱。

几年过去后，同样是那笔 7.79 美元的购物款，已经可以用支票来支付了。支票上需要填写日期、零售店的名称、购物金额（须同时用数字和文字书写），然后还需要你的亲笔签名。之后，要等 3 ~ 4 天，钱才会从你的账户里划走。

一晃又过了几年，支票在市场上的份额被"塑料卡片"大幅抢占。这里的"塑料卡片"通常指的是借记卡，它能直接从你的账户中扣款。甚至更"神奇"的是，你只需刷一下信用卡，就能先拿走商品，一个月后再支付这 7.79 美元！这些创新让刷卡购物变得更加方便快捷。曾经有一段时间，你还必须在收据上签字确认购买，这稍微拖慢了购物的速度。不过，随着时间的推移，这一要求在大多数地方也逐渐成为过去式。

记得有一天，我把一张发现卡[⊖]挂在了我的车钥匙扣上，感觉酷极了！不仅如此，我还节省了在收银台结账的时间，因为我不必在手提包或钱包里翻找信用卡了。车钥匙在手中，随时准备出发，付款也很方便，一刷即走。

在这之后，无现金交易和数字钱包开始普及。人们使用维诺社交支付（Venmo）、PayPal，或者用手机轻触屏幕即可完成交易。无论是有意还是无意，花钱都变得前所未有地容易。

⊖　一种在美国广泛使用的信用卡。

说个有趣的事。

我的侄女已经四十五岁了，她的三个堂兄弟姐妹都比她小十岁左右。侄女当时正向他们筹钱，为他们叔叔的葬礼买花。可是，大家都没有支票可以给她，她自己也没用过维诺社交支付，所以转账成了个难题。

由于其中一个兄弟住得较远，除非通过邮寄，否则现金支付根本行不通。侄女自嘲道，她觉得自己就像个老古董，试图用老掉牙的方式与年轻一代进行交易！

如今，电子商务已经兴起。像亚马逊这样的在线购物平台，能够让你足不出户，随时随地在家中购物。你只需将商品放入在线购物车，点击购买，一两天后商品就会送到你家门口。甚至还可以一键购买。真是方便极了！但也真是盲目极了。

1990年，我用现金支付，对每一笔消费都了如指掌。而现在，刷卡、扫智能手表或按手机上的按钮就能完成支付。这样的支付方式会让你迅速、盲目地做出购买决定。

研究表明，使用现金时，人们对自己的消费最为清楚，其次是开支票，然后是借记卡或信用卡，而使用与电子商务零售商的关联账户时，人们对自己的消费情况最模糊。这并非偶然。消费者必须提高对消费的关注度，注重有意识、有目的地消费。

在本章中，你将重新掌握成为有意识、有目的的消费者的技巧。为此，你需要思考消费者的决策过程，全面深入地理解它，同时学会借助它实现更有目的性的消费。这个过程不仅适用于财务管理，将其稍作调整，还能帮助你应对生活中的各种抉择。

接下来，我将介绍 SAVE 法则，帮助你避免盲目消费。之后，我们将讨论引发情绪化消费的因素，以及用何种策略来克服这些因素。最后，我将分享一些轻松又简单的省钱小妙招，让你进一步减少支出。这样一来，实现收支盈余将变得轻松，同时也能顺利过渡到下一章——如何增加收入。

首先，让我们聚焦消费者的决策过程。

理解消费者的决策过程

无论是买一根棒棒糖还是买一栋房子，你的每一次消费行为都遵循着一个基本流程。不过，这一流程中的某些步骤可能会调整顺序、合并或省略。尽管如此，无论你购买什么，这一流程都会重复上演，只是你未必总能察觉。你需要了解这个普遍的购买流程，从而成为一个更有意识、有目的的消费者。下面，我们以购买汽车为例，来深入剖析这一流程。

1. 问题识别

你的每一笔消费都是为了解决某种问题（除非是情绪化消费，购买了一些根本不需要的东西）。这个问题可能是饥饿、居住，或是生活中出现的其他任何问题。比如说你要买车，通常是因为你需要可靠的交通工具来通勤，满足生活中的其他出行需求。这种需求的产生可能是源于你的旧车出了故障，或者你搬到了一个公共交通不便的地方，等等。总之，现在你有需要解决的问题。

2. 信息搜集

接下来，列出所有可行的解决方案。说到出行，你可以考虑公共交通、购买二手车或新车等。你要寻找所有能够解决当前问题的方法。有时，在这一阶段，你可能会找到一种无须花钱就能解决问题的方法，比如暂时先用车库里闲置的自行车。但在某些情况下，你还是会决定买点什么。

3. 评估备选方案

在这一步，你要对比和衡量所有备选方案。你不仅要决定购买哪一类商品，还要在同类别的商品间进行比较。比如，你可能评估一番后，觉得有车确实比公共交通灵活方便，然后又考虑到省钱（或避免债务），于是选择购买二手车而非新车。接着，你会进入一个循环：不断搜集各种车型的信息，并对这些信息进行评估，直到最后拿定主意。

4. 下单购买

买大多数东西时，完成交易的方式不止一种。你或许会选择网购，也可能会亲自开车去某家专卖店购买。你甚至可以去更大的购物场所，比如购物中心，在那里精挑细选。说到买二手车，通常意味着你要在网上经销商和数字市场中进行选购，或者亲自去二手车行看车。等这一环节结束，你就可以交钱换货了！

5. 购买后评估

我认为这是整个过程中最重要的一步，但往往被忽视。购买后对商品进行评估，能让你判断这件商品是否物有所值。有意识、有目的的消费者会留出时间和空间，在购买后对商品进行思考和评估。你可能对商品感到满意，也可能因为不满意而选择退货，或者从错误的购买决策中吸取教训，以便改进自己日后的购物决策。

购买后评估还有助于你简化未来的决策。一旦你找到了心仪的产品，那么就可以回购同一件或同一品牌的商品。

无论购买何种商品，都要遵循这一套通用流程。如果跳过某些步骤，则可能引发一些问题。例如，有些人一遇到出行难题，可能会立即想到"买新车"，却没有花时间去收集信息，全面评估各种解决方案。像这样跳过某些步骤的行为可能会对你的整体财务状况造成不利影响，助长盲目消费的不良习惯。

购物时，尤其是购买大件商品时，请确保彻底完成每一个步骤，并在每个阶段都深思熟虑。这并不意味着你需要花两周时间来决定是否买根棒棒糖，但在购买价格高、对财务状况影响大的物品时，你的关注度和目的性要有所提高。

运用 SAVE 法则，告别盲目消费

既然你已经了解了消费者的决策过程，那么现在就可以采用 SAVE 法则，促进有意识、有目的地消费。这一法则融合了消费者的决策过程，并能确保你的消费与财务目标相契合。同时，SAVE 作为一个缩写，简单好记。

S 代表停止（STOP）

当你产生购买冲动时，不妨先暂停一下，给自己一些思考时间。无论你计划买什么，都不必急于立刻成交，甚至不必急于当天就做出决定。商品的价格越高，就越应该在消费决策的过程中投入更多时间。例如，如果你考虑购买一件价格较低的商品，比如价值 20 美元的小物件，你可以先缓一缓，等一两个小时，以确定你是否真正需要它。如果要买的是大件商品，比如一辆车，那你或许需要几天的时间来慎重考虑，然后再做出决定。

A 代表分析（Analyze）

还记得我之前提到的，在商店里有多少种洗发水可供选择吗？在这个时代，你有如此多的选择，这既是好事也是坏事。在等待期间，请分析一下你面前的各种选项，价格较高的商品需要你花费更多时间来分析。你想购买的几乎所有东西，都可能存在更便宜的替代品，或者存在一种成本更低甚至无须成本的解决方案。

V 代表核实（Verify）

在等待期结束后，请再次考量你的决定。你是真心想要购买这件商品，还是仅仅出于一时冲动？在这个时候，你还可以反问自己，我真的需要它吗？它在未来十年里会对我产生积极影响吗？无论你最终做出什么决定，你都应该对这次消费感到心安，因为你知道自己的决策是经过深思熟虑的。

E 代表执行（Execute）

最终，你要么买，要么不买。有时你会发现自己想要一个更便宜的替代品，或者其实压根儿不需要那个物品。又或许，你还是想要它，但发现它并不符合你的财务计划。当然，也有些时候，经过深思熟虑，你确定它就是解决你需求的最佳方案，于是决定购买。

这些准则可用于应对情绪化消费行为。不过，话说回来，情绪化消费的力量可不小。接下来，我还有更多妙招帮助你克服它！

克服情绪化消费

几年前，我和丈夫在车库举办了一场清仓甩卖活动。一位邻居来来回回好几趟，把她"淘"到的宝贝搬回家。其中一件物品太大了，她自己搬不了，于是我和丈夫一起帮她搬回家。她打开自家车库门，里面堆得满满当当——没错，从墙头到墙角，从地板到天花板，全是东西。

说真的，她要是打开自家车库门，自己都能办一场大甩卖了，可她还是往那堆杂物里继续添置新东西。作为卖家，能顺利处理掉自己的东西当然很开心，但看到她因为情绪化消费而买下一堆并不需要的东西，我心里还挺不是滋味的。

我的邻居并未意识到自己是情绪化消费者，但车库门一打开，我便意识到问题的严重性。我在上一章列举了一些迹象，帮你判断自己是不是情绪化消费者。如果你觉得自己是情绪化消费者，那么本章将为你提供一些应对情绪化消费的策略。即使你不认为自己是情绪化消费者，这些策略也能帮助你更加有意识、有目的地消费。

1. 识别情绪化消费的诱因

有些人会在感到悲伤或孤独时进行情绪化消费，而有些人则是为了庆祝。当你消费时，试着问自己以下几个问题。

- 消费前我是什么感觉？是什么让我有这样的感觉？
- 消费时我是什么感觉？
- 消费后我又是什么感觉？

这些问题会帮助你识别出引发非必要消费的情绪和情境。每次购物时都问问自己这些问题，你会逐渐发现那些触发情绪化消费的诱因。

2. 回顾你的价值观、愿景和目标

情绪化消费会打破你的预算，因为它会让你做出与你的价值观、愿景和目标不一致的消费决定。因此，要想克服情绪化消费，你必须时刻提醒自己正在做什么以及为什么这么做。因此，要把目标放在显眼的地方，确保你每天都能看到它。这样能让你时刻牢记目标，进而影响你的决策。时刻牢记自己的财务愿景会让你有动力在当下做出不同的选择。

3. 驾驭负面情绪

情绪化消费一旦触发，要想克服它，就得采取两步走策略。第一步，你要学会应对情绪，不管它是什么。而最关键的是，你得先意识到自己正在经历什么情绪。也许你总是在感到压力时进行情绪化消费，而长时间的工作正是压力的源头。如果真是这样，那就正视你当下的情绪，大声说出来或写下来。与其通过购物来应对情绪，不如直面它。

4. 采用替代行为避免情绪化消费

要想改掉不良习惯，必须用新行为将其取代。如果只是嘴上说说，却不在当下采取其他行为来替代情绪化消费，那你很可能无法取得显著进展。因此，你需要在开始时就坚定决心，采取替代行为，帮助自己应对情绪。根据诱因的不同，替代行为也会有所差别。例如，如果你感到压力大，不妨找出压力的源头，然后出去走走，驱散一些负面情绪。或者，你也可以与亲人聊聊自己的处境。

无论诱因如何，仅仅保持按兵不动，试图避免情绪化消费是十分艰难的。列出一些不需要花钱的替代行为，并在诱因出现时随时准备实施。久而久之，你对诱因的自动反应就会发生改变，最终形成积极的习惯。

当你了解了消费者决策过程并克服了情绪化消费后，你的开销就会减少。这样一来，支出降低了，提升净资产也就变得更加轻松。不过，有时你确实需要购买一些东西，毕竟你无法完全避免生活中的支出。但有一些方法可以让你少花钱，同时又不至于对自己太苛刻。

不费力地省钱

你需要提高收入与支出的差额，以增加收支盈余。这样一来，你就可以将盈余用于偿还债务，并通过投资增加净资产。下一章将讨论增加收入的途径。在此之前，我想先讨论一下如何在不过多牺牲生活质量的前提下减少支出。

1. 关注单份成本

在做购买决策时，不要只盯着标价，而是要关注单份成本。许多零售店会在货架上标明这一信息，如果没有，你通常只需在手机上简单计算一下。寻找那些单份成本低且能满足你需求的选项！例如，我使用的纸巾品牌虽然标价较高，但由于其吸水性强，我每次使用的量很少。因此，总体来看，我花费的成本更低。

2. 购买质量适中的商品

你不必每次都大批量地购买低质量的商品。你的食品储藏室或家中可能没有足够的空间存放这些商品。相反，你应该关注适中的品质，即在数量和质量之间找到一个恰当的平衡点。几乎任何商品都存在一种质量稍逊但价格明显更低的替代品。如果你想在不影响生活质量的前提下减少支出，不妨考虑将这些常见消费品的购买标准降低至一个可接受的档次，看看能为你节省多少支出。

3. 区分需求与欲望

这正是你在第五章中为管控支出所做的努力开始显现成效的时刻。你购买的许多商品都出于欲望，而非真正的需求。

此外，你还买了很多实际上没怎么用过的物品。当你把钱花在必需品上，并开始减少非必需品（那些仅仅因为欲望而购买的商品）的支出时，你并不会觉得这是多大的牺牲。

4. 善用促销和优惠券

购买应季水果和蔬菜，或在商品打折时（如年底清仓、节假日后）购买。但不要一看到商品打折或手头有优惠券就盲目购买，只有在真正需要且符合月度预算的情况下，才考虑购买。

5. 货比三家

在购买意向商品时，比较各种消费渠道的价格和质量。请记住，消费者的决策过程表明，你的购买行为是为了解决某个问题，而解决问题的方法往往不止一种。货比三家还能助你在选定的商店中争取到价格匹配。一些大型零售商会进行价格匹配，确保与竞争对手的价格保持一致。

6. 按计划购物

预先做出承诺是一种非常有效的心理策略。很多时候，你之所以会购买不必要的物品，正是因为在购物前没有下定决心不买。因此，当你看到想要的商品，或者情绪化消费的诱因出现时，你的内心就会与购买的冲动做斗争。如果你已经做出了"不买"的承诺，这种内心的纠结就不会发生。为了坚守承诺，请经常回顾你的消费计划。

7. 减少外出就餐

当人们开始跟我学习理财知识，并完成我布置的练习时，他们常常会对自己在外出就餐上的高额支出感到震惊不已。因此，减少外出就餐的频率是快速提高收支差额的最佳途径之一。在月初就决定好这个月外出就餐的次数，并为这些就餐制定预算。然后，提前规划好家中的其他餐食，并据此去超市进行采购。

访问我的网站 Anchord.money，免费获取《减少支出的必胜秘籍》（*Surefire Approach to Slash Your Spending*），其中包含了减少每类支出的上千条技巧。虽然你可能不会全部实施，但只要做到其中的 5 ～ 10 条，就能有效改善你的财务状况。其中有些小技巧你可能从未想过，所以只需稍作改变，就能节省很多开支。

本章小结

你可能会疑惑，为何我花大量篇幅探讨情绪化消费。请记住，在消费行为中，情绪因素占据了 90% 的主导地位，而逻辑思考仅占据 10%。这种现象不仅发生在我身上，也同样适用于你，乃至我们每一个人。即使你不认为自己是情绪化消费者，但实际上，情绪化消费的情况可能比你想象得更频繁。减少支出是有意识、有目的地资产管理的重要一环。它往往是执行个人财务计划的第一步。要想减少支出，就要成为一个有意识、有目的的消费者，并花时间去了解和执行消费者决策过程、运用 SAVE 法则，以及掌握克服情绪化消费、在不过多牺牲生活质量的前提下减少支出的策略。

核心要点

- 有意识、有目的地消费意味着基于个人生活方式有意识地花钱，旨在助你增加净资产。

- 执行消费者决策过程，运用 SAVE 法则，帮助你成为一个有意识、有目的的消费者。

- 识别引发情绪化消费的诱因，并用不花钱的行为取而代之，以减少支出。

- 运用简单的省钱策略，让你在减少支出的同时不过多牺牲生活质量。

第十一章

增 加 收 入

增加收入是提高收支盈余的另一途径。上一章我们已经列出了减少支出的策略，本章将进一步探讨除第四章所述方法之外的增加收入的方法。综合运用这些策略将有助于你的月度预算由赤字转为盈余。如果你想还清债务并增加净资产，这一过程是不可或缺的。

在前两章中，你学习了如何为成功做好准备。这包括构建个人财务思维导图，以及制定应对情绪化消费的策略。本章与前一章的内容将共同构成你个人财务成功计划的基础。而最后一章则聚焦于如何执行这一计划，建立肌肉记忆，让成功自然到来。在这之后，你的阅读之旅就结束了，但我会给你留下很多方案，确保你在合上书本之后，不会感到孤立无援。

当人们想要改善收支状况时，他们往往只关注收入，而忽视支出，认为只要收入够高，就能解决过度消费的问题。然而，预算漏洞和盲目消费会轻易抵消掉你为增加收入所做的任何努力。如果这就是你的财务管理方式，那么每当薪资提升或收入上涨，你都会相应花掉更多的钱。因此，首先要改变这种心态。我强烈建议你采取相关策略，努力成为一个有意识、有目的的消费者。否则，在预算有漏洞的情况下拼命赚钱，最终只会让你身心俱疲。

说到这，要想赚更多的钱，有多条路径可供选择。具体策略将取决于你的目标、需求和人生阶段。在规划增收方法时，我鼓励你重新审视自己的目标时间表。在短期内实现里程碑式的成就往往比你想象的要耗时更久，但只要精心规划和执行，从长远来看，你会取得比你预想中更大的进展。简而言之，请确保你设定的目标符合自身实际情况，并充分考虑到自己的时间和精力。

例如，一个没有孩子的单身人士可能比一个有四个孩子，且孩子还参加体育运动的已婚人士更容易实施这些策略，尽管两者都从事着稳定的工作。这两种情况并无优劣之分，只是会影响个人首先采取哪种策略。

—————————— 坦白说：艰苦奋斗 ——————————

我们先来认真聊聊。尽管我说过要考虑到你的家庭状况和精力，但这可不是你无所事事的借口。如果你想改善财务状况，那通常得经历一段艰苦奋斗、自我牺牲的时期。这意味着你要削减不必要的支出，并且在数月乃至数年内更加勤奋地工作。回顾过去，为了实现我们的财务目标，我和丈夫有几年双双身兼数职，除了基本生活开销外几乎不怎么花钱。那段日子很难熬，但是不可或缺，如今也证明了一切都是值得的。当你偿清所有债务（包括房贷），亲眼看到自己的净资产开始增长时，那种成就感是难以言表的。

多元化的力量

在深入探讨具体策略之前，还有一点需要说明。财务专家在谈及投资时，经常会提到投资组合的多元化。这意味着要在多个领域，利用多种投资方式进行投资。他们这么做是因为这样能够逐渐构建出一个更安全、更稳定的投资组合。

一个多元化的投资组合更有可能随时间而增值。如果一支股票或基金下跌，当它只是众多投资中的一项时，那它对整体的影响就会相对较小。多元化投资还能提高收入。因此，你可能要考虑建立多种收入来源，尤其是在积极偿还债务的阶段。这样一来，如果某个收入来源减少或消失，也不会对你的财务状况造成太大影响。此外，在不同时期，不同的收入来源会增加，从而弥补其他来源的不足。

收入的来源并没有一个"正确"的数量，但你最好拥有 3 ～ 4 个收入来源，这将帮助你迅速实现收支盈余，并达成你的财务目标。这些收入来源可能包括全职工作、副业、房地产投资、短期投资、媒体版权收入、房屋租赁费等。

本章余下的部分将介绍增加收入的途径。请务必仔细研究那些既安全又能让你在单位时间内达到收益最大化的方案。选择符合你自身情况的途径，并开始使你的收入来源多元化。

18 种增加收入的方法

我将把增加收入的方法分为五大类。根据你所处的人生阶段，每一类都可能符合你的目标和喜好。你可以通过主业、兼职、副业、被动收入以及出售物品来增加收入。以下并非详尽无遗的列表，但它确实为你提供了许多初步的想法，并涵盖了最常见的方法。

通过主业增加收入

很多人可以通过自己的主业获得额外收入。这需要你学习额外的技能或投入更多的时间，但它的好处是不需要额外的通勤，也不需要适应新环境。

1. 升职

如果你真的想增加收入，不妨研究一下如何在当前工作中获得晋升。这可能意味着你从部门成员晋升为部门经理或类似职位。根据你的工作性质，要想升职，你可能需要询问上司关于升职的条件，然后付诸实践。这也可能需要你学习额外的技能或获得相关证书。

2. 要求加薪

这通常比升职来得更快，尽管这两者可以通过类似的方式实现。询问你的上司你该做些什么才能加薪，然后付诸行动。很多工作都有一年一度的绩效考核，在考核期间会提到加薪事宜。因此，加薪可能很简单，只要你全力以赴地工作，然后提出申请即可。

3. 加班 / 额外轮班

很多工作都有加班的选项，但并不是每个人都会选择加班。如果你发现自己正处于急需增加收入的时期，那就尽可能多地接受加班和额外轮班安排吧。此外，如果你的工作环境允许员工之间互换班次，或者有人因休假需要找人顶班，你同样可以考虑接受这些额外的班次。加班还会让你的时薪有所增加。

4. 加入委员会或董事会

一些工作单位设有额外的委员会或董事会，这些部门会在正常工作时间之外召开会议。你可以了解一下加入这些组织需要什么条件，确认是否有额外的报酬。此外，许多公司和非营利组织都需要董事会成员。根据你的工作经验，你可以考虑加入某个董事会并参与会议。

通过兼职增加收入

增加收入的另一个主要途径是从事兼职工作。如果你已经有一份全职工作，那么兼职往往就意味着得在晚上、周末进行，或者按季节性进行。

1. 找一份兼职

一个不错的选择是在服务业找份兼职，最好是能拿小费的那种。就像我之前说的，我女儿有段时间除了日常工作外，就做了份这样的兼职，这让她的收支有了盈余。你的兼职工作可以是相对非技术性的，也可以与你具备的但在主业中尚未运用的技能相关。

2. 回校深造／学习一门手艺

你还可以利用晚上和周末的时间去上课或学习一门手艺。如果不想一开始就花很多钱，你得努力申请奖学金或者提前为学费存钱。这是一个长期策略，但它可能会让你找到一份比现在薪资更高的主业。向你的老板了解一下学费资助政策，他们或许愿意承担你全部或部分的学费支出。

通过副业增加收入

在当代社会，除了正式工作外，副业的选择也越来越多。通过各种渠道赚钱变得前所未有地容易，有些工作甚至足不出户就能完成。

1. 成为自由职业者

凭借你的技能，网上有大量自由职业任你挑选。此外，有些工作几乎不需要任何技能或培训即可上手。以下是一份简要的自由职业清单。

- 写作、编辑和校对
- 将音频转录成字幕或文稿
- 艺术和图形设计
- 簿记和会计
- 客服
- 销售
- 远程助理

你可以在许多在线招聘平台应聘这些（或其他）自由职业岗位。

2. 出售艺术品和手工艺品

如果你有艺术、摄影或手工艺方面的才能，那么你可以将其转化为额外的收入。有些网站会付费给摄影师，以获取其库存照片的使用权。你也可以通过在线市场出售艺术设计和手工艺品。

3. 载客和送货

如果你有一辆耐用的汽车，你可以利用晚上和周末的时间通过它来赚钱。方式有很多，比如拼车服务、杂货配送、洗衣服务、清洁服务或餐饮配送等。快去你所在的小区里看看有哪些机会吧，毕竟人们总是需要各种服务来让自己的生活丰富多彩。再次提醒，这些工作不一定是永久性的，并且始终要考虑到它们的安全性。

4. 教学和辅导

你可以成为当地学校的一名体育教练，或者负责指导和监管学校的课外活动，甚至可以在社区学院教授一门你专业领域的课程。如果你掌握多种语言，那么你可以在线上或线下教授英语或其他擅长的语言。当然，你还可以面向中小学生或大学生辅导你所擅长的科目。

5. 协助人们收集数据

还有很多组织会花钱请人收集数据。例如，使用并测试应用程序，或回答调查问卷。有些网站甚至会花钱让人扮演神秘顾客去商店购物，并回答有关购物体验的问题。最后，你可以了解一下你所在地区的学院和大学是否需要研究项目的参与者。

通过被动收入增加收入

赚钱最高效的方法之一是让钱为你效力，或者建立能自动为你带来收入的渠道。其中一些方法在前期需要投入大量的时间和精力，但从长远来看，投入其实会更少。

1. 投资

投资是赚取被动收入最直接的方式之一。投资的形式多种多样，既可以是股票市场或债券投资带来的分红，也可以是房地产等资产产生的收益。再次强调，在涉足房地产市场之前，一定要进行大量的研究。

2. 在线出售资产

这一策略包括在线创建学习材料和可下载文档，并将其出售给需要学习的人。如果你在某个领域有专长，你可以创建一个在线课程并出售，按下载量收费。

3. 娱乐变现

如果你擅长写作、创作视频内容或进行现场娱乐表演，那么你可以用这些技能来赚钱。虽然这通常需要投入大量精力来吸引粉丝，但你可以通过广告实现博客变现、视频变现，甚至可以通过直播玩游戏或和别人聊天来赚钱。

通过出售物品增加收入

这一点在前面的章节中略有提及，但还是值得补充一下。此外，我还将提供一些之前未曾提及的新想法。出售物品是增加收入的绝佳途径，几乎每个人都可以从中受益。

1. 降级／精简物品

根据你的生活状况，你可以考虑降级或精简高价值物品来获得一笔不菲的收入。例如，如果你有一栋大房子，但孩子们已经搬出去住了，你也用不上那么大的空间了，那么你可以考虑把房子卖掉，换个小点的房子。或者，你手头有一辆新款汽车，也可以考虑卖掉它，换一辆更便宜的车。

2. 出售闲置物品

这包括你不用的家具、电器、多年未开机的电子产品、不用的健身器材等。此外，你可能还收藏了一些已经升值的收藏品。几乎每个人家里都有一些自己用不上的物品可以出售——当你的净资产增加后，这些东西你都可以重新购置。

3. 出售书籍

卖书是一个我还未提到的点子：你可以在网上或学校书

店里售卖旧教科书和其他书籍。很多人家里都堆放着不看或已经看过的书。此外，有些人的书是上大学时买的，现在已经不需要了。卖掉这些书可以增加你的收入。

4. 出售他人的物品

你在开车兜风或上网冲浪时，可能会发现一些免费赠送的物品。如果你能免费获得一些东西，然后转手卖掉换钱，就能增加你的收入。如果你足够心灵手巧，那么你可以收购别人赠送的旧家具，将其修复翻新后转售。

设定 SMARTER 收入目标

记住，你的目标需要符合你的实际情况。这并不意味着你不能在短时间内积极进取、拼命工作，但你也得切合实际。例如，如果你有一份全职工作，有配偶和几个孩子，那你可能没法做到清单上的所有事。不过，无论你的情况如何，总有一些事情是你能做的。

因此，为自己制订一份个性化计划吧。最好的方法是为自己制定一个 SMARTER 目标来增加收入。设定 SMARTER 目标在第三章中已经介绍过，现在简要回顾一下，你的增收目标应该具备以下特点。

- 具体

- 可衡量
- 可实现
- 相关性
- 时限性
- 令人振奋
- 可记录性

　　例如，你可以这样说："在接下来的六个月里，我计划每月增加 500 美元的收入，以便还清信用卡债务，享受无债一身轻的感觉。为此，我会在周末去当地咖啡店兼职，并执行我的月度预算计划。"注意到了吗？这个目标有着上述所有特点。你的目标也应该如此。

　　最后提醒一点：这只是暂时的挑战。我喜欢称之为"跨过难关"。六个月的减支增收看似漫长，但如果这是还清债务所必须经历的，那么从长远来看，这并不是什么大不了的事。或许你会经历短暂的不适应，但长远来看，这样做会让你的财务状况更加稳定。即便你必须在短时间内做出艰难抉择，但当你看到信用卡余额清零，或者你能付得起首套房的首付时，这一切都是值得的。

　　至此，你已经了解并规划了一个实现财务成功的流程。降低你的债务收入比是实现财务目标和增加净资产的关键步骤。现在，只需等待未来的成功自然到来（且不那么费力）。

本章小结

增加收入是实现收支盈余的另一途径。一旦你减少了支出，并开始有意识、有目的地消费，接下来就要规划如何在一段时间内增加收入。我列出了五种不同类别的总共 18 种增收方法，你可以根据自己的生活状况和目标来选择实施其中的一些方法。你可以选择适合自己的方法，并为这个临时增收阶段设定一个 SMARTER 目标。

核心要点

- 收入无法超越失控的支出。

- 拥有多条增加收入的途径有助于你实现收入来源多元化。这可以通过你的主业、兼职、副业、被动收入以及出售物品来实现。

- 制订一个个性化的增收计划。你每个月需要增加多少收入？要持续多久？

- 根据这些答案，并回顾你的价值观，为你的收入设定一个 SMARTER 目标。

- 勇于做出艰难的选择，并牺牲一些精力和时间。这一切都会是值得的！

第十二章

建立肌肉记忆，让成功自然到来
（且少走弯路）

　　这本书的阅读之旅即将结束，但是新的财务旅程才刚刚开始。到目前为止，你已经了解了自己的目标以及现状，还学习和规划了实现个人财务成功的个性化流程。接下来，只需让流程自动运行即可。

　　我会与你分享宝贵的资源，助你在这条路上继续前行，成为有意识、有目的地管理资产的群体中的一员。不过，在合上这本书之前，我想帮你建立起"理财肌肉记忆"，让财务管理变得更加轻松。

　　当你学习骑自行车、游泳或投球等新技能时，初期都会感到肌肉酸痛。首次训练结束后，你的肌肉会发出"抗议"。如果你刚开始去健身房锻炼，那么第二天醒来可能会全身酸痛。不过，随着时间的推移，你会慢慢适应。财务之旅也是如此，从混乱到平静，起初可能会让你感到不适，但最终会成为习惯。

同样，当你学习骑自行车、游泳或投球时，起初动作会不协调、不连贯。你在训练肌肉完成这些动作的过程中，难免会经历跌跌撞撞以及球失误掉地的情况。但只要你咬牙坚持，这些技能最终会成为你难以忘却的本领。同样地，当你把书中的财务管理知识运用到现实生活中时，它们也会渐渐成为你的本能反应。到时候，一切会变得自然而然，你的生活也会越来越轻松。

这个道理在各行各业都是相通的。以运动为例，我有个朋友，在这里我称他为"保罗"。保罗一直在教他的两个孩子打球——儿子打篮球，女儿打垒球。他从孩子们很小的时候就开始亲自指导了。如果你还没有指导孩子体育运动的经验，那么保罗可以教你一个秘诀：引导孩子不再过分专注于他们的动作，以一种听起来自然的方式教给他们一些简单的理念，随后鼓励他们将注意力从正在执行的动作上移开，让身体自然地去运动。

"记得我儿子还小的时候，不管我们练了多少次防守，一到比赛，大家都跟头一回上场似的。其实每个队伍都是这样的。练习战术、学习站位、谋划策略，可到真正比赛的时候，基本上就是十个孩子乱跑乱撞。"

打了两场之后，保罗决定来点新花样。训练时，他组织了一场对抗赛，他给孩子们的唯一指令是：防守时看到对方要投篮，就举起一只手，就像是要举手回答问题一样。随着比赛的进行，他克制住自己想要喊出其他指令的冲动，只是在看到有人要投篮时提醒他们"举手"。

起初，场面一片混乱。有些孩子一头雾水，还有些孩子差点把手拍到进攻者的脸上。但训练结束时，孩子们都明白了这一规则。每当对手要投篮，防守者的手就会自然而然地举起来。

保罗知道，在那个年龄段，只要防守者举起一只手，就足以让进攻者感到慌张，导致投篮失误或是将球收回再投。

但这能在比赛中奏效吗？你猜怎么着。保罗简化了防守的复杂性，只鼓励孩子们在看到他们的防守对象准备投篮时"像要举手回答问题一样把手举起来"。这样一来，每当孩子们看到防守对象开始投篮时，他们就会不由自主地举起手来，这几乎成了一种条件反射。

瞬间，保罗的队伍变成了联赛中最优秀的防守团队之一，靠的不是复杂的防守战略，而是简单的动作和肌肉记忆，球员们不用思考脚步怎么移动，不用纠结要留出多少空间，只需要举手就行。

保罗还运用了同样的理念，采用简单的动作，建立肌肉记忆，教孩子们如何在抢到篮板后护住球（"像拥抱久别重逢的亲人一样抱住球，直到其他球员都跑开，这样他们就不会从你手里抢球了"），以及怎么应对对方的挡拆（即一名进攻球员挡住防守者的路径，以使防守者的防守对象获得空位投篮机会）——"他们挡拆时，我们就换人防守"。

保罗会将一整节训练课甚至多节训练课完全专注于一个练习，直到这些动作变成孩子们的本能（也就是肌肉记忆）。如今，五年多过去了，保罗依然在指导他儿子的篮球队。你一眼就能认出哪些孩子是他以前教过的，因为当面对对手准备投篮、抢篮板、进行掩护等常见情况时，他们仍然会做出同样的本能反应。即使在这些孩子加入联赛中的其他球队后，那些曾受过保罗指导的男孩们在防守对象开始举球投篮时仍会本能地举起一只手，在抢到篮板时会紧紧抱住篮球，在进攻方对一名防守者进行"掩护"时会与另一名队友"换防"。多年之后，他们依然能不假思索地做出这些动作。

这就是肌肉记忆的力量。

有了它，完成这些动作就轻松多了！

它能让成功自然到来！

财务肌肉记忆

在本章中，你将了解什么是财务肌肉记忆，学习如何摒弃并改变不良习惯，以及如何运用财务自动化技巧。这样一来，你就不用因整天忙着做决定而筋疲力尽了。否则，你可能会不堪重负，然后又回到以前的消费模式。

让我们回顾之前提到的洗发水货架的类比。我曾说过，在那里你有数百种选择。现在，当你走到那个货架时，可能根本不用多想，就能找到你习惯购买的洗发水品牌和产品，甚至在其缺货时也有备选方案。在这个过程中，你走进商店就能轻松找到所需的物品，完全不用动脑筋，也不用花费太多力气。

接下来，你将学习如何做到这一点。财务肌肉记忆一旦形成，财务管理将变得更简单。有些决策只需做一次，之后就再也不用操心了。经过消费者决策过程中的后期评估步骤，你已经确定了最适合自己的产品，之后便可以进行重复购买。不过，别忘了定期对购买产品进行评估，以防错过更实惠且效果相当的产品。

初期你需要做点准备工作，第一次整理财务就像初次站在洗发水货架前一样迷茫。你可能需要先深入了解和研究一番，才能做出决定并继续前行。但最终，你会制订出一个既实用又不会占据你太多精力的财务计划。

—————— 与玛丽莎·艾尔斯一起提升财务自信 ——————

玛丽莎·艾尔斯（Marissa Iles）在一个单亲家庭中长大。她的母亲辛勤工作，为孩子们提供生活所需、给予他们支持。在成长过程中，玛丽莎常听到一些让人心惊胆战的故事，故事讲述着处于困境中的人们如何稍不留神就让生活陷入混乱的局面。

进入大学后，她对于如何维持财务稳定感到迷茫。她很感激母亲为抚养自己所做出的牺牲，但她不知道如何为自己打造一个坚实的财务未来。这导致她缺乏自信。

什么是自信？它来自哪里？

很多人误将自信等同于虚张声势。自信并不是假装自己比实际更有能力。它也不是源于勇敢或无畏。实际上，自信源于你的技巧和能力。当你确信自己掌握了应对挑战所需的实用方法时，自信就会油然而生。

因此，为了获得财务自信，你需要实用的方法来培养你的技巧和能力。一旦你运用本书中的方法，朝着正向增长的净资产迈进，并且学会如何制定和遵守预算，你就会逐渐建立自信。

在我指导玛丽莎学习期间，她学会了有意识、有目的地管理财务。她不仅掌握了个人理财的正确方法，还学会了如何教授他人理财。于是，她投身于学生财务领域，帮助大学生学会有意识、有目的地管理自己的财务。没过多久，她便走上了管理职位。现在，她经营着一家活动策划和婚庆策划公司，同时还负责管理贸易展的项目。

因为玛丽莎在学生时代就领先一步，掌握了理财技巧，所以她有能力处理自己和企业的财务。同样地，当你学习并运用我教给你的技巧时，你就会逐渐增强对财务管理的自信。

让你的计划在现实中奏效

拥有远大的财务目标是件好事，但要让计划真正对你有益，必须确保其中的每一步都是切实可行的。因此，在第三章设定长期财务目标时，你也相应地设定了中期目标和短期目标。这样一来，你就可以将每日、每周和每月的行动与未来几十年的目标联系起来，并在靠近目标的过程中不断见证自己取得的成就。要让你的计划在现实中更有效，还有另外两个方法。

（1）让事情在你无须思考的情况下也能顺利进行。这正是肌肉记忆发挥作用之处。肌肉记忆与你的习惯紧密相关。你思考得越少，行为就越自动化，你的计划也就越有可能实现。

（2）不再为决策烦恼。这涉及设置自动化流程。决策疲劳是真实存在的，尤其是在选择繁多的时代。自动化流程将帮助你减少决策次数，保留精力用于最重要的决策，从而在整体上获得更多收益。这也将使你的财务计划更容易实现。

了解了这两种方法后，让我们来探讨一下肌肉记忆和自动化。

什么是肌肉记忆

想象一下，今天是星期二晚上六点钟，你刚下班。在很多地方，大家都把星期二称为"塔可星期二"（Taco Tuesday）——这是塔可约翰（Taco John）连锁餐厅自1982年就流行起来的促销口号。你的肚子已经饿得咕咕叫，正期待着晚餐。然而，有个小问题：你什么食物都没准备！这时候，你面前摆着几个选择。这简直就是一场"完美风暴"，让你陷入盲目消费的境地：今天是"塔可星期二"，你刚下班，饿得不行，而家里又没东西吃（或者你以为没有）。

你可以选择出去吃，或者打包回来，也可以叫个外卖，让人送餐上门。如果你有伴侣，可能还会上演"'你想吃什么？''我不知道，你想吃什么？'"的对话。这一切都要花费时间、金钱、精力。此时此刻，你又饿又气。

现在，想象一下，同样是那个饥饿的星期二晚上，但你却早有准备。你知道星期二要吃塔可（墨西哥饼），毕竟今天是"塔可星期二"。所以你在周日就已经把食物准备好，放在冰箱里了。你开车回家，简单加热一下，就能享用一顿丰盛的晚餐。在这种情况下，你完全不需要费心思考、交谈或做决定。而且，你还能省下不少钱呢！

这个例子展示了习惯和肌肉记忆的力量，同时也是个可以帮助你节省时间和金钱的具体策略。

决策疲劳

决策疲劳是指因做出过多选择而产生的疲惫感。我们每天的时间和精力都是有限的，每做一次决定，就会消耗一部分时间和精力。当你不得不频繁做决定时，往往会倾向于选择最简单的方案、最省力的方式。因此，到了星期二晚上，你可能会说"就吃塔可吧"，因为这是个最简单的决定。此外，现在很多公司可以在网站上保存你的地址、常点的订单和银行卡号等信息，这会让你的消费方便很多（但可能也更贵）。

另一个方案是，当你架起烤架准备烤鸡时，可以顺便烤一些汉堡和热狗。这些食物可以放进冰箱冷藏起来，在一周内随时食用，这样既减少了做决定的烦恼，又避免了外出就餐的诱惑。只需把剩菜热一热，再添上一两个配菜，你就能享用一顿不错的晚餐。

预先决策和提前承诺是应对决策疲劳的有效方法。以晚餐为例，你得提前规划一周的餐食，批量购买并烹饪食材，然后将食物冷冻或冷藏。这样最终能帮你节省时间、精力和金钱，但是前期比较费劲。因此，这并非最省力的方案——至少一开始是这样。提前做好财务决策，并让其自动化运行，可以有效对抗决策疲劳。

现在你已经理解了这些主要概念，接下来就需要付诸实践了。要想建立肌肉记忆并实现自动化，首先需要做的就是改掉坏习惯，并养成好习惯。

改变、替换坏习惯

在谈到情绪化消费的诱因时，我曾提到，改掉一个坏习惯绝非易事，除非你能用另一个对自己更有益的习惯将其取代。举个例子，你每天早上都去同一家咖啡店，买一杯价格昂贵的咖啡。这样下去，你每个月可能会花掉几百美元。不过，仅仅口头告诉自己要戒掉这个习惯可能根本不起作用。你仍然会想念咖啡因，想念那个味道和上班前的那份仪式感。

首先，你需要改变并替换这个习惯。买个漂亮的咖啡壶放在家里，挑选你最爱的咖啡豆。此外，准备一个便携咖啡杯，便于外出携带咖啡。如果你还是忍不住想去那家咖啡店，可以选择一条不同的上班路线，避开那家店。想想不用排队等咖啡而节省下来的时间吧。这也是改变习惯后的额外收获。

花点时间思考一下你的消费习惯，看看哪些需要改变并替换。有个不错的方法，即回顾你过去一个月的支出，找出哪些支出是反复出现的。一旦你确定了要改变的习惯，不要只是简单地改变它，还要用新习惯来替代它。

———————— 坦白说：不良嗜好 ————————

许多人身上都存在一些典型且耗资不菲的"不良嗜好"，列举如下。

（1）**抽烟**。我当然鼓励你戒烟，因为长远来看，健康问题会让你花很多钱，而且烟草本身价格高昂。但无论如何，你都得为此预留一部分预算。有的理财顾问可能会忽视这项支出，只是简单地劝你戒烟，因为他们觉得那是浪费钱。不过，仅凭理财顾问的建议，你可能还是不会采取行动。戒烟这事儿必须得等到你自己下定决心、做好准备才行。不过，你是否可以考虑少抽点，从而降低相关支出呢？

（2）**喝酒**。在餐馆和酒吧买酒可是笔不小的开销！不过对一些人来说，这也是他们社交的一部分。你可以考虑一下如何减少喝酒方面的支出。例如，与其和朋友去高档酒吧挥霍，不如邀请他们来家里小酌几杯。

（3）**赌博**。我只想说，一旦你管不住自己，那可就得小心滑入深渊了。赌博确实能带来乐趣和刺激，但其背后隐藏着巨大的风险。赌徒只记得（也只吹嘘）自己赢钱的风光，输了则找各种理由开脱。那些喜欢冒险的人和企业家，由于习惯了承担风险，往往更容易沉迷赌博。仔细想想，那些华丽的大赌场可不是靠赌客们赢的钱而建造起来的。

再次强调，这三项支出可能会让你的预算超支，所以如果你打算继续在这些方面消费，就必须把它们纳入你的财务计划。你可以试着记录一个月的支出，看看自己在抽烟、喝酒和赌博上花了多少钱。这样或许能帮你下定决心，彻底避免或者减少此类开销。总之，决定权在你手中！

有些财务规划师可能只会告诉你：戒烟、戒酒、戒赌，远离一切耗钱的不良嗜好。虽然这未必就是个"差劲"的建议，但我选择采取另一种方式，我也鼓励你戒掉这些不良嗜好，但如果你不能、不会或不愿戒掉，那至少也要确保对自己的行为负责。至少，你得保证你在这些不良嗜好上的支出纳入到了你的整体财务计划中，别让它们给你造成更大的困扰。

让消费与投资自动化

在你开始用好习惯去替换坏习惯后，下一步就是采用自动化策略了。这样，你就会在财务管理上建立起"肌肉记忆"，从而无须再为决策而烦恼。

1. 自动消费

很多账单和费用都可以设置自动支付。有些商家甚至会因为你设置了自动支付而给你奖励，因为他们知道这样就无须费心向你催款了。检查一下你的月度支出，看看哪些款项可以设置自动支付，结果可能会让你大吃一惊。自动支付设置得越多，需要操心的事就越少。你只需要在月度预算中预留出这部分自动扣款金额即可。

2. 审查你的订阅项目

你需要留意自己正在自动付费的所有项目。如果不加以留意，订阅项目很容易泛滥。这些订阅项目可能包括流媒体服务、云存储、下载等。每隔几个月，请专门花时间回顾一下你订阅的所有项目，看看自己是否真的在使用它们。如果你根本不用，或者一个月才用一次，那就考虑取消吧！

3. 自动投资

除了消费，投资也可以实现自动化管理。我强烈建议你采用这种方式，因为这能省去决策的烦恼！不管你打算投资退休基金、529 教育基金⊖，还是为购房、购车设立储蓄账户，都可以采取自动化管理的方式。有些单位会自动从你的薪水中扣除一部分存入退休基金。你也可以与银行或财务顾问沟通，规划其他自动投资方案。

⊖ 529 教育基金：529 教育基金的得名来自税法的 529 条款（Section 529）。这是一种教育基金，由美国各州或教育机构负责，目标是帮助民众支付大学费用。529 计划的投资收益可以部分抵免州税和联邦税，投资账户资金有设定上限，一般是 30 000 美元以上。若账户所有人将 529 计划赠予受益人，也可以享有赠予税的免税额度。529 计划的基金管理费用一般为 0.5%～1%，而且投资周期较长，有丰富的历史数据可以参考，属于较稳定的项目，只要您拥有美国社会安全号码或者个人税号，都符合受益人资格。

4. 自动还债

你甚至可以实现自动还债。这意味着你可以设置最低自动还款额来偿还房贷、助学贷款、车贷和信用卡债务等。但自动化管理的优势不仅限于此，对于部分债务，你还可以设置超出最低还款额的自动还款金额。这将有助于减少利息的累积，让你更快地实现净资产增值。对于你的所有债务，你都应该考虑是否可以设置超出最低还款额的自动还款金额。同时，你还要确保额外的还款直接用于偿还贷款本金。

根据目标做出决策

你不必让生活受限于电子表格的规划。本书开篇就承诺过，你无须成为数学天才或专业会计，同样能妥善管理财务。你只需要在前期投入一些精力。你建立的肌肉记忆越丰富、自动化手段越多，就越能够摆脱对电子表格的过度依赖。这就像学骑自行车一样。前期可能会感觉很吃力，甚至会感到肌肉酸痛，但最终它会变成你的本能。到那时，你就能消耗更少的能量，走更远的路。

—— 与珍妮·道一起探讨金钱、社区和遗产 ——

珍妮·道（Jeanne Dau）是道咨询公司（Dau Consulting）的创始人。她是一名创业顾问，专门指导那些希望通过新创企业为社会创造积极影响的人。

当我们开始朝着正向且不断增长的净资产迈进时，往往会思考如何回馈社会。我们该如何为周边的社区贡献力量？又想要留下什么样的遗产？

珍妮与众多希望在各自社区中有所作为的关键人物协作。她为小企业家和有志创业的人提供指导，帮助他们改善周边社区的状况。她给出的首要建议便是妥善管理个人财务。

许多具有创业思维的人都敢于冒险，这种特质也影响着他们的个人财务状况。鉴于大多数企业都需要前期投资，因此珍妮经常建议客户在创业前积累资金。个人财务状况越稳健，回馈社会的能力也就越强。

在过去的几十年里，要想创业，去银行申请贷款是必经之路。创业者需要向银行详尽说明贷款理由，证明这笔投资对银行而言是有价值的，并且还需提供抵押品作为保障。时至今日，网上贷款和众筹等新兴方式简化了这一过程，这也导致许多创业者未经深思熟虑就一头扎进创业大军中。

这涉及一个更深层次的问题，即了解你的个性及其对你的工作和金钱观的影响。如果你是一个敢于冒险、志向远大的人，那么你应当与那些与你思维迥异的人为伍。你的企业需要制定一套策略，并且这套策略必须具备适应性。此外，寻找一位能与你共同探讨财务观念的导师将是明智之举。

珍妮在提供咨询服务和公司内部招聘时会采用"性格色

彩测试"。该测试基于大脑的四个区域及其功能设计。每个人都活跃于其中一个区域。这四个区域分别塑造着不同的性格类型，大致可以划分为以下几种。

- 喜欢数字、不喜欢冒险的科学家和分析家。
- 热衷于规划、讨厌变化的传统主义者和成功人士。
- 热爱与朋友共处、关心社区，却常常忽视自己真正需求的社交达人或社区型人格。
- 富有创意的艺术家，他们能想出绝妙的主意，但常常需要有人为他们把关。

珍妮指出，如果你想创业，一定要确保你的事业与你的性格类型相一致，并吸纳与你相比有不同优势的人才加入。此外，在创业之前，你可能需要提高收入、减少债务。为此，她推荐了以下寻找副业的方法。

（1）记录你一天的活动，制作一份时间日志。

（2）写下一天中让你感到快乐的事件。比如制定预算、演讲、参加会议或按时推进项目进度等。

（3）问问自己，怎样能通过做自己喜欢的事情来赚钱呢？

将那些能给你带来快乐和激情的事情当作副业，你或许能更快地增加收入。

现在，在持续前进的过程中，请务必确保你的每一个决策都与你的目标契合。当面临财务决策时，请问自己以下问题。

- 这些决策是如何与我的总体财务目标相匹配的？
- 我的价值观在这里是如何体现的？
- 如果这是一个消费决策，十年后它还会有意义吗？它会让我离目标更近还是更远？
- 有没有办法让这个决策流程自动化，从而避免重复面对相同的选择？
- 这个决策是巩固了我的好习惯，还是助长了坏习惯？

现在，你已明确了自己的总体财务愿景和价值观，也制定了短期、中期和长期目标，这意味着你已经清楚了自己的前进方向。此外，你还掌握了自己的财务状况，包括收入、支出、资产和债务。也就是说，你了解了自己当下的处境。

通过本书的这一部分，你已经明确了如何学习、规划与执行个人财务计划。此外，你绘制了一幅财务思维导图，从全局视角审视了自己的财务图景，并确定了需要重点关注的领域。接着，你扫清了通往财务成功之路的一大障碍：盲目消费。之后，你探索了增加收入的途径，并制定了SMARTER目标以提高收入。本章介绍了一些改变和替换不良财务习惯的方法，并教你如何将财务决策自动化，减轻决策负担，让你的财务成功之路更加顺畅。

现在，你已经掌握了有意识、有目的地管理财务的方法。如果你能妥善利用这些方法，你的财务状况将从混乱走向平静。这将是一段漫长的旅程。在减少支出、增加收入、偿还债务和明智投资的过程中，你将面临艰难的抉择，也会经历困苦的日子。不过，隧道的尽头终有光明。当你的财务状况逐渐与你的财务目标相符时，你很快就会发现整个过程逐渐变得轻松自然。

本章小结

本章讨论了实现财务成功的两个关键原则：习惯和自动化。就像学习一项新的身体技能一样，要形成肌肉记忆，既需要花费时间，也需要经历不适感。但一旦掌握后，一切就会水到渠成。同时，这也减少了决策的次数，从而减轻了决策疲劳。我们探讨了如何改变坏习惯、养成新习惯以改善财务健康。最后，我们讨论了如何通过自动化来简化一切，减少你在数学计算和表格制作上花费的时间。

核心要点

• 肌肉记忆会让财务决策成为一种习惯，从而减少决策疲劳。

• 用可持续的新行为取代高消费习惯。

- 让消费、投资和债务还款实现自动化，减少在管理这些决策上投入的时间和精力。

- 如果你存在我前面提到的任何不良习惯，请考虑减少或替换它们。至少，你要把它们纳入到你的财务计划中。

- 运用你在本书中学习到的有意识、有目的地管理财务的方法，让你的财务状况从混乱走向平静。

| 结语与邀请 |

你的阅读之旅即将结束。在本书中，我们探讨了许多内容。在最后一部分，我想对这些内容进行回顾，并邀请你继续与我同行。

1. 明确财务目标

- 这一部分讨论了如何明确自己的财务目标。这包括了解你的理财习惯、认识金钱如何影响你生活中的八大领域，以及为你的财务设定 SMARTER 目标。

- 探究你的理财习惯，意味着要深入剖析你对待金钱的方式及其根源。你审视了自己先前可能未曾察觉的金钱脚本、信仰和观点。接着，你分析了自己的金钱人格，即你对待金钱的默认行为模式。这促使你进一步探索了自己的金钱习惯、态度和价值观。

- 在此基础上，你审视了金钱影响生活的八大领域，以及这些领域如何影响金钱。你发现，一旦你在某个领域开始有所改善，其他领域往往也会随之改善。这一发现为你设定 SMARTER 目标提供了重要依据。要想成功，这些目标必须具体、可衡量、可实现，有相关性、时限性，令人振奋，并且要有可记录性。

2. 审视当前的财务状况

你通过分析收入与支出差额、资产与债务差额、债务收入比以及净资产，构建了财务状况。

你研究了改进的策略，以确保你的净资产不断增加。

3. 学习并规划实现财务成功的个性化流程

首先，你创建了一幅财务思维导图，以全面了解自己的财务状况。

然后，你探讨了情绪化消费的现象，学习了如何识别诱因，如何应对这些情绪。

这促使你形成了一种有意识、有目的的消费方式。根据我多年教授理财知识的经验，我发现预算漏洞是阻碍人们实现财务目标的最常见障碍。

接着，你学习了多种增加收入的方法。无论你采取哪一种方法，哪怕只是暂时性地增加收入，都有助于你还清债务，并通过投资增加净资产。因此，阶段性增收是许多人走向财务成功之路的常见环节。

最后，你学习了如何建立肌肉记忆，让财务成功自然到来（且少走弯路）。为了确保你的计划能在现实中奏效，而不仅仅是纸上谈兵，你需要审视那些导致预算超支的财务习惯。此外，我们还探讨了如何实现财务思维自动化，以减少在决策上花费的时间和精力。

现在，你已经明确了自己的目标，知晓了当下的处境，并且掌握了实现财务成功的个性化流程和方法。接下来，你必须下定决心开始执行这个过程。我无法替你做决定，改变财务状况的主动权掌握在你自己手中。我希望通过这些章节的学习，你能构建一个坚实的框架，帮助你实现财务目标。

我鼓励你立即将书中的理念付诸实践。不要让其仅仅成为一时的灵感来源，而没有进一步的行动。

虽然本书的阅读旅程即将结束，但我们共同的旅程还未停止。正如我在开篇时所提到的，我希望你不仅能获得灵感，还能得到后续的支持。因此，我在我的网站上为你提供了丰富的资源，你可以利用它们继续财务成功之旅。

祝愿你在追求有意识、有目的的财务管理之旅中一切顺利。只需循序渐进，每天都更加审慎地对待财务决策，你就能在改善整体财务健康方面取得显著进展。

我很期待听到你讲述自己如何学会有意识、有目的地管理财务，以及你的财务状况如何从混乱走向平静。如果你在这一重要环节需要任何帮助，请随时联系我。

愿你的财务前景一片光明。

　　琳达·D.辛普森博士毕业于伊利诺伊大学。1994年起，她一直致力于通过各种场合和平台教授理财知识，如面对面授课、大学在线课程、网络研讨会、讲习班和会议演讲等。在此期间，她帮助成千上万来自不同年龄层、处于不同人生阶段的人设定目标，并制订符合其生活方式和消费习惯的长期可行的简单财务计划。

　　在学术领域，她荣获多项教学大奖，学生评价极高，课程深受欢迎。她开展了大量研究，并通过网络研讨会、出版物以及在地方、州、国家乃至国际层面的专业演讲，就财务目标设定、金钱与债务管理、财务计划、信贷、消费者行为/消费模式、购房、风险管理、助学贷款和欺诈等财务话题提供了专业见解。凭借深厚的学术造诣和丰富的经验，她能为你提供有力的支持，助你做出明智的个人财务决策。

　　你会发现她的教学方式非常奏效，因为她会将知识拆分成易于理解的小部分，并给出操作步骤，帮助你学习、记忆并应用。她的书籍、网络课程和资源都经过精心设计,以便你能够自主掌握学习内容,你也可以借助所提供的额外资源来制订并坚持执行计划。她希望你能充分利用这些宝贵的资源,继续在构建坚实财务基础的道路上前进。

祝你拥有最美好的财务前景!